Oskar Boettger

Clausilienstudien

Oskar Boettger

Clausilienstudien

ISBN/EAN: 9783743433823

Hergestellt in Europa, USA, Kanada, Australien, Japan

Cover: Foto ©ninafisch / pixelio.de

Manufactured and distributed by brebook publishing software
(www.brebook.com)

Oskar Boettger

Clausilienstudien

CLAUSILIENSTUDIEN.

VON

DR. OSKAR BOETTGER

IN

FRANKFURT A. M.

MIT IV TAFELN ABBILDUNGEN.

CASSEL.

Verlag von Theodor Fischer.

1877.

Clausilienstudien

von

Dr. **Oskar Boettger**

in Frankfurt a/M.

(Mit Taf. I—IV).

Einleitung.

Seit vielen Jahren schon wendete ich mit Vorliebe meine Aufmerksamkeit dem Studium der fossilen Clausilien zu und sammelte bei jeder passenden Gelegenheit an vielen Fundpunkten der deutschen und böhmischen Tertiärformation, was ich von Bruchstücken aus dieser Landschneckengattung nur immer erhalten konnte. Was von befreundeten Forschern gesammelt worden war — und es ist trotz der Seltenheit des fossilen Auftretens der Gattung eine sehr bedeutende Anzahl von Arten — wurde mir auf meinen Wunsch bereitwilligst anvertraut, und so kam nach und nach das ganze zu beschreibende Material in meine Hände. Vor allem bin ich in dieser Beziehung den Herren Geh. Reg.-Rath Prof. Dr. Beyrich in Berlin, Custos Dr. Th. Fuchs und Bergrath Prof. Dr. Ritter Fr. von Hauer in Wien, K. Jung in Justushütte bei Gladenbach, Landesgeologen Dr. K. Koch in Wiesbaden, Dr. K. Miller in Unter-Essendorf, Prof. Dr. M. Neumayr in Wien, Pfarrer Dr. Probst in Unter-Essendorf, Dr. K. Schwager in München, Prof. Dr. Tschermak in Wien und Apotheker Wetzler in Günzburg a. d. Donau zum grössten Danke verpflichtet, die mir theils werthvolle Stücke zum Geschenk machten, theils auf Jahre hin ihr gesammtes kostbares Material an fossilen Clausilien überliessen.

Die Anfertigung der Zeichnungen und Beschreibungen war zwar zeitraubend und mühselig, aber die auf sie verwendete Arbeit steht in gar keinem Verhältniss zu der Unsumme von Zeit und Mühe, die mir bei Vergleichung der fossilen mit den lebenden Formen der Gruppe nothwendig gewesen ist. Es gehörte ein angestrengtes vielmonatliches Studium der lebenden Arten dazu, um nur einigermassen ins Klare zu kommen über die mannichfachen Beziehungen der einzelnen Arten zu einander. Lebende Species mussten schliesslich in immer grösserem Maassstab beschafft und verglichen werden und — so wuchs die Arbeit zugleich zu einem System der lebenden Arten. Dank der Bemühungen des Herrn Dr. W. Kobelt in Schwanheim a/M., der mir mit unermüdlichem Eifer die Schätze der Rossmässler'schen Sammlung, seine eigene werthvolle Collection und die von Herrn Prof. J. J. Rein in Japan gesammelten Arten zur Verfügung stellte, Dank der Uneigennützigkeit der Herren S. Clessin in Regensburg und Prof. A. Stossich in Triest, die mir ihre reichen Sammlungen zur Durchsicht anvertrauten und der Herren J. Fr. Dickin und F. D. Heynemann in Frankfurt a/M., Prof. Fr. Erjavec in Görz und namentlich des Herrn Prof. Alb. Mousson in Zürich erhielt ich bald ein so reiches Material, dass ich nicht bloss einen grossen Theil der häufigeren Arten zu Gesicht bekam, sondern auch eine ganze Anzahl neuer Formen erkannte, die ich mir erlaubt habe wenigstens in Anmerkungen zu diagnosticieren, um ihre Beziehungen zu den bereits bekannten Arten einstweilen vorläufig festzustellen. Es war dies in vielen Fällen um so mehr geboten, als manche der von mir aufgestellten kleineren Formenkreise und Untergruppen, z. B. von Phaedusa, blos auf solche Novitäten begründet werden mussten. Ein schärferes Eingehen auf lebende Formen war aber häufig nothwendig, auch wenn manche der fossilen Species, die zwar habituelle Aehnlichkeit mit lebenden Arten bezeigten, nach späterer genauerer Vergleichung und reiferer Anschauung nichts mit denselben zu thun hatten. Ich konnte mich in diesem Falle nicht entschliessen, die an lebenden Formen einmal gewonnenen Resultate nur deswegen zu unterdrücken, weil sie ihre unmittelbare Beziehung zu den fossilen verloren hatten. Die dadurch entstandene Ungleichmässigkeit in der Behandlung des Stoffes wird man mir deswegen zu Gute halten müssen.

So entstand die Arbeit. Zufrieden bin ich aber mit den gewonnenen Resultaten noch keineswegs: es wird einer noch Jahrzehende langen angestrengten Arbeit bedürfen, um die zahlreichen Fehler und Mängel auszumerzen, die offen gestanden nicht bloss dem Mangel an Material, sondern auch der mangelnden Kenntniss des Gegenstandes und der unrichtigen Deutung oder übertriebenen Berücksichtigung gewisser Einzelheiten von meiner Seite zugeschrieben werden dürfen. Doch hoffe ich immerhin, einen kleinen Schritt weiter gekommen zu sein als meine Vorgänger.

Was wir über die Lebensbedingungen und Lebensverhaltnisse der Gattung Clausilia wissen, ist nicht übermässig viel. Jeder Schneckensammler kennt zwar die Fundorte, wo er die eine oder die andere Art in grösserer oder geringerer Anzahl anzutreffen sicher ist, weiss auch die Liebhabereien derselben im Gegensatz zu denen anderer Landschnecken häufig scharf herauszukehren, ja nicht selten an diesem oder jenem Orte sogar anzugeben, „da muss die Art vorkommen“, aber eine vergleichende Lebensgeschichte dieses Genus ist bis dato noch nicht versucht worden. Im Allgemeinen scheinen zwei Momente für die Entwicklung und das Gedeihen unserer Gattung von höherer Bedeutung zu sein, als bei anderen Landschnecken, nämlich Luftfeuchtigkeit und Vorhandensein kalkhaltigen Gesteins zum Aufbau des Gehäuses. Dass eine gewisse Summe von Wasser in der Luft wie bei allen Landschnecken wesentliche Existenzbedingung ist, lässt sich leicht aus drei Momenten erkennen, vor allem erstens aus dem Vorhandensein des der Gattung eigenthümlichen Schliessknöchelchens, das die ausdörrende Wirkung der umgebenden trocknen und erhitzten Luft aufhalten soll, zweitens aus dem häufigen Auftreten von Clausilia-Arten am felsigen Meeresgestade und auf Inseln und drittens aus dem Vorkommen zahlreicher Species in schattigen Gebirgsthälern und in feuchten Schluchten. Der Kalkgehalt der Bodenschichten aber pflegt geradezu in direkter Beziehung zu der Zahl der vorkommenden Arten zu stehen. Gebirge, denen, wie beispielsweise dem Taunus, kalkhaltige Schichten gänzlich fehlen, pflegen Clausilien nur da zu beherbergen, wo menschliche Bauwerke in Form von Steinmaterial oder Mörtel genügende Mengen des zur Schalenbildung unentbehrlichen Mineralkörpers darbieten. Nur wenige Arten — und wir erkennen dieselben an dem hyalinen Gehäuse — Marpessen, Phaedusen, manche Serrulinen und Dilatarien sind nicht unmittelbar an die Beschaffenheit des Gesteinsmaterials, auf dem sie leben, gebunden, finden sich vielmehr unter loser Rinde oder in Astlöchern oder unter dem den unteren Theil der Bäume überziehenden Moose. Arten, welche den Sonnenstrahlen mehr als andere ausgesetzt sind, pflegen dagegen helle, blaugraue, blauweisse, ja schneeweisse Farbe anzunehmen — beispielsweise die Gruppen Medora, Cristataria und Albinaria — und bei besonders intensiver Hitzewirkung oft erstaunlich dicke Gehäuse herzustellen, wie ausser den genannten u. a. die südamerikanischen Nenien und viele südasiatische Phaedusen. Ueberhaupt lässt sich endlich, wie es scheint, eine gewisse Anpassung in der Färbung des Gehäuses an die Bodenfarbe nicht verkennen; doch sind meines Wissens direkte Beobachtungen in dieser Richtung noch nicht veröffentlicht worden.

Einer sehr hübschen Beobachtung Küster's (Dalmat. Clausil. S. 10) sei hier noch Erwähnung gethan, der das häufige Vorkommen schlankerer Formen bei grösserer Längenausdehnung des Gehäuses neben kleineren Exemplaren mit mehr bauchiger Totalgestalt sehr richtig auf eine rein mechanische Ursache zurückführt, indem er an mehreren Beispielen nachweist, dass bei allen Schnecken, die im Zustand der Ruhe hängen, sich das Gehäuse verlängert und schlanker wird, während auf Flächen lebende und ruhende Formen kürzer und bauchiger bleiben. Diese Thatsache lässt sich vielleicht sogar in passenden Fällen zu einem Rückschluss auf die Beschaffenheit der Meeresküste in der Vorzeit verwerthen.

Was die Verbreitungsmittel der Clausilien anlangt, so ist es klar, dass es wenige Gruppen unter den Landschnecken geben dürfte, welche in leichterer Weise Verschleppungen zu ertragen im Stande sind, als gerade die Clausilien. Vermöge des bei vielen Arten geradezu hermetischen Verschlusses mittels des Schliessknöchelchens sind sie anderen Landschnecken, mit Ausnahme etwa der Cyclostomaceen, unbedingt überlegen. Aktive Wanderungen von grösserer Bedeutung sind allerdings bei dieser Gruppe wie bei Pulmonaten überhaupt kaum anzunehmen, desto mehr passive. Das Verschwemmen durch Regengüsse ist unschwer im Stande, die geographische Verbreitung einer Art durch ein ganzes Flussgebiet zu erklären. Ja die Wanderung über kleine Meeresarme ist in Dalmatien für eine grosse Zahl von Arten der Section Delima leicht nachzuweisen, über breitere Meeresbusen und -Strassen in vielen Fällen wenigstens in hohem Grade wahrscheinlich. Ich erinnere in Bezug hierauf nur an das Vorkommen von Cl. (Delima) paestana Phil. auf der italischen und auf das der nächstverwandten Cl. (Delima) Neumeyeri K. auf der dalmatischen Seite des adriatischen Meeres; weiter auf das Vorkommen von Cl. (Delima) gibbula Z. var. pelagosana m. auf Pelagosa, mitten in der Adria, während zu beiden Seiten auf dem Festland sich die Stammart weithin ausbreitet. Aber auch noch andere Ursachen müssen auf die geographische Verbreitung der Gattung Clausilia von Einfluss gewesen sein, die wir heutzutage zu übersehen noch nicht im Stande sind. Der ungemein grosse Formenreichthum einzelner Länder und der enge Verbreitungsbezirk vieler hieher gehöriger Arten lässt sich meiner Ansicht nach am ungezwungensten nach M. Wagners Migrationstheorie erklären. Den durch die Konkurrenz besser organisirter Landschnecken in ihrer Existenz bedrohten Emigranten boten sich die verschiedensten neuen Lebensbedingungen und sie richteten, so gut es eben ging, ihre Gehäuse danach ein. Tendenz zur Variabilität zeigt sich, soweit ich es verfolgen kann, bei dieser Gattung schon bei ihrem ersten Auftreten in der frühesten Tertiärzeit. Wer sich nicht an die neuen Verhältnisse anzupassen im Stande war, ging unter, und eine andere Generation Verschleppter desselben oder eines anderen Formenkreises hatte vielleicht in späterer Zeit günstigere Chancen. So konnten neue Arten entstehen, die sich schliesslich zu Typen befestigten, die langen Zeiträumen in ihrer ererbten Formeneigenthümlichkeit trotzten. Andere Formen erhielten sich einen grösseren Grad von Variabilität und Adaptionsfähigkeit und wurden die Stammväter neuer Emigrationssippen. Andere verminderten oder verloren ihre Variabilität im Laufe der Jahrtausende, bekamen eine gewisse Constanz und überbildeten ihre früher für sie nützlichen Charaktere oder schwächten sie ab und wurden bei allmählig sich ändernden orographischen oder klimatischen Verhältnissen auf den Aussterbeetat gesetzt. Oft gewährte nur das Hochgebirge einzelnen Trümmern ehemaliger Herrlichkeit noch nothdürftigen Schutz. So scheinen z. B. mit dem Rückzuge des Miocänmeers nach Süden die Arten der Section Laminifera erloschen zu sein; nur eine einzige Species ist, aller näheren Verwandten baar, auf den Höhen der Pyrenäen in wunderbarer Weise erhalten geblieben. Die in der älteren und mittleren Tertiärzeit weit verbreitete Gruppe Serrulina zeigt jetzt nur noch wenige Vertreter im Kaukasus und in den Gebirgen Armeniens; Charpentieria hat sich hoch in die Alpen von Savoyen zurückgezogen. Alle die genannten Arten aber sind jetzt auf kleine Gebiete beschränkt und gehören zu den grössten conchyliologischen Seltenheiten. In späterer Tertiärzeit ging, nachdem die Gehäuseform bis ins Maasslose vergrössert, die Lamellen mehr und mehr verkümmert und die Gehäusespitze abgeworfen war, die Section Triptychia, von der wir lebende Vertreter überhaupt nicht mehr kennen, zu Grunde, vermuthlich zu einer Zeit, als das letzte Tertiärmeer, das pliocäne, sich nach Osten hin zurückzog. Die letzten Reste dieser in Mitteleuropa so überraschend häufig und formenreich, besonders in der Mitte der Miocänperiode verbreiteten Sippe treten uns nämlich im fernen Osten und im Südwesten von Europa noch in einzelnen Riesenformen entgegen.

Aeltere Clausilienformen als solche des Eocäns kennen wir noch nicht. Diese frühesten Vertreter der Gattung lassen sich nun insgesammt auf Sectionen zurückführen, die entweder noch jetzt die Tropenländer, vorzüglich Asien, bewohnen oder die doch wenigstens jetzigen asiatischen und afrikanischen Formenkreisen am nächsten kommen. In der Oligocänzeit gesellen sich dazu vorzüglich Anklänge an die jetzige Fauna von Syrien und an die des Kaukasus und der europäischen Türkei, im Miocän neben solchen sogar schon vielfache Beziehungen zu siebenbürgischen und alpinen Formen. Während das Pliocän noch wenige Arten geliefert hat, die sämmtlich entweder sich an miocäne Sippen anschliessen oder eigenthümlich sind, zeigt dagegen das mitteleuropäische Pleistocän einen Charakter, der durchweg mit der heutigen Clausilienbevölkerung des Erdtheils übereinstimmt. Fast unvermittelt ist also die Kluft noch zwischen Pliocän und Pleistocän. Hoffen wir, dass neue Funde in nicht zu langer Zeit auch hier den engeren Anschluss der tertiären Arten an die besonders verbreiteten Formengruppen der Jetztzeit, wie beispielsweise an Marpessa, Delima und Albinaria, von denen Vorläufer so gut wie unbekannt sind, vermitteln.

Freilich wird die Erklärung aller hier ins Spiel kommenden Formveränderungen bei der grossen Summe von Thatsachen, die wir schon kennen, und bei der noch ungleich grösseren, die uns bislang verborgen blieb, noch eine geraume Spanne Zeit auf sich warten lassen; immerhin scheint es mir aber schon jetzt kein allzu grosses Wagniss mehr, auf einige besonders hervorstechende Möglichkeiten oder Wahrscheinlichkeiten in der allmähligen Veränderung der Schalencharaktere aufmerksam zu machen. Wenn ich in den folgenden Zeilen einige hierauf bezügliche Fragen anrege, bin ich mir freilich wol bewusst, dass eine endgiltige Erklärung derselben noch nicht an der Zeit ist; aber die meisten derselben drängen sich eben jedem von selbst auf, der die Thatsachen unbefangen zu combinieren versucht.

Die, wie mir scheint, wichtigsten Resultate meiner Untersuchungen an tertiären Clausilien lassen sich in folgenden Sätzen zusammenfassen:

1) Arten ohne Clausilium sind nicht selten (Triptychia, wahrscheinlich auch Eualopia).

2) Arten mit Mondfaltenrudiment, gebildet durch mehrere unter einander stehende strichförmige Gaumenfalten an Stelle der Lunelle oder durch callöse Verdickungen in den jüngeren Windungen, finden sich ebenfalls nicht selten (Triptychia).

3) Arten mit Ausschnitt im Clausilium finden sich bereits in früher Zeit (Emarginaria).

4) Das Vorhandensein einer getrennten Spirallamelle gehört in der Tertiärzeit zu den grössten Seltenheiten (eine Art Disjunctaria).

5) Das Auftreten einer vollkommen entwickelten Mondfalte ist etwas ungewöhnliches (wenige fossile Serrulinen, Laminifera).

6) Eine grössere Zahl von Arten und ganzen Gruppen der Tertiärzeit stimmt in allen wesentlichen Schalencharakteren mit einer oder der andern lebenden Section überein, unterscheidet sich aber von ihnen durch den gänzlichen Mangel der Mondfalte (Constricta, die meisten Serrulinen, Pseudidyla) und Hand in Hand damit durch das Auftreten einer durchlaufenden Spirallamelle (dieselben).

7) Tertiäre Arten zugleich mit Mondfalte und getrennter Spirallamelle, eine Combination, wie sie bei lebenden Clausiliengruppen so gewöhnlich ist (Medora, Agathylla, Cristataria, Albinaria, Herilla, Delima u. a.), sind noch nicht nachgewiesen worden.

8) Arten mit besonders vollkommenem Verschluss (Papillifera, Graciliaria, Oligoptychia) fehlen der Tertiärzeit.

9) Das Auftreten von kleinen, die Mündung einengenden Fältchen auf dem Peristom ist eine sehr gewöhnliche Erscheinung (Serrulina, Emarginaria, manche Canalicien, Pseudidyla, Laminifera).

Wie lassen sich nun diese Thatsachen am ungezwungensten und in befriedigender Weise erklären.

Herr W. von Vest hat bereits in seiner vortrefflichen Arbeit über den Schliessapparat der Clausilien (Verhandl. u. Mittheil. d. Siebenbürg. Ver. f. Naturw., Bd. 18, Hermannstadt 1867, S. 7 u. f.) für die meisten der hier berührten Thatsachen, und zwar einzig und allein gestützt auf die Beobachtung der Veränderungen der Schalencharaktere an den lebenden Arten, eine wirklich ausreichende mechanische Erklärung gefunden. Er hat darauf aufmerksam gemacht, dass die neblige Höhen und Meeresküsten bewohnenden Arten ein viel schmäleres Clausilium zeigen, als andere, weil die Luft stets den für sie erforderlichen Wassergehalt besitze und sie demnach die für ihr Gedeihen nothwendige Feuchtigkeit nicht so sorgsam zurückzuhalten genöthigt seien. Er hat gezeigt, dass mit der fortschreitenden Vervollkommung des Gehäuseverschlusses der Principalfalte eine besondere Wichtigkeit beizulegen sei, wie sie als wesentlichste Stütze und gleichsam als Leitschiene des Clausiliums anzusehen ist, und wie dann successive von oben nach unten die eigentlichen Gaumenfalten entstanden sein konnten. Umgekehrt, von unten nach oben entwickelte sich schliesslich ganz allmählich durch Resorption und Verschmelzung der Gaumenfalten die Lunelle, und mit ihrem Auftreten trat der denkbar vollkommenste Verschluss des Gehäuses ein. Hand in Hand mit diesen Weiterbildungen gehen nun nach Herrn v. Vest die Veränderungen in der Form und Grösse des Clausiliums. Anfangs besitzt dasselbe die einfache Stielform, dann eine schmale Zungenform. Bei seiner weiteren Entwicklung zeigt sich der meist sehr stark entwickelten unteren Gaumenfalte gegenüber ein tiefer Ausschnitt, dann bei mehr und mehr sich entwickelnder Mondfalte wird dasselbe Sförmig, schliesslich füllt es ganzrandig mehr oder weniger den ganzen Innenraum der Mündung aus.

Wir erkennen sofort, dass die von uns an fossilen Formen gewonnenen Resultate sich aufs innigste dem anpassen lassen, was Herr v. Vest bereits für die Entwicklung der Schalencharaktere aus den lebenden Arten erschlossen hat. Besonders ist es auch meine Ansicht, dass die Bildung des Clausiliums, wie es v. Vest a. a. O. S. 12 bereits ausgesprochen hat, auf die Erzeugung eines wirklichen Deckels hinausläuft. Aber ich gehe abweichend von Herrn v. Vest bei der Erklärung des Schliessknöchelchens noch um einen Schritt weiter zurück. v. Vest sagt nämlich, a. a. O. S. 8, dass das Clausilium zuletzt ganz überflüssig werde bei den mit Clausilia sehr nahe verwandten Arten der Gattung Balea Prid.; er hält also das Verschwinden des Clausiliums für einen neueren Charakter. Viel naturgemässer und mit den Ergebnissen der palaeontologischen Untersuchung in vollkommenem Einklang ist dagegen meine Ansicht, dass das Clausilium im Anfang gefehlt habe, und dass erst aus diesen Baleaformen sich die Gattung Clausilia in ihrer Formenmannichfaltigkeit entwickelt habe. Die Gründe für diese Ansicht werde ich später bei Besprechung der Sectionen Alopia und Triptychia klarzulegen suchen. Dass sich solche Formen ohne Clausilium bis in die Jetztzeit erhalten haben, ist natürlich kein Beweis gegen die von mir verfochtene Ansicht. Ebenso halte ich nach den an den fossilen Arten gewonnenen Anschauungen im Gegensatz zu Herrn v. Vest die Vereinigung der Spirallamelle mit der Oberlamelle für den älteren, die Trennung beider für einen neueren Schalencharakter. Für diese auffallende Thatsache, dass die tertiären Clausilien, sogar selbst dann, wenn sie noch kein Clausilium besitzen, in den weitaus meisten Fällen eine mit der Oberlamelle fest vereinigte Spiralis besitzen, während doch die grosse Mehrzahl der jetzt lebenden Arten getrennte Spirallamelle zeigen, weiss ich vorläufig noch keine genügende Erklärung zu geben. Ich darf aber wol als beachtenswerth andeuten, dass das Auftreten einer durchlaufenden Spiralis in weitaus den meisten Fällen in einem ganz bestimmten Abhängigkeitsverhältniss zum Mangel einer Mondfalte und umgekehrt zu stehen scheint. Ausnahmen finden sich freilich auch hier, wie bei manchen lebenden Phaedusen und bei den fossilen Arten der Section Laminifera.

Ueber die Bedeutung der Falten auf der Mündungslippe als einer Handhabe beim Drehen des Gehäuses stimme ich dagegen mit Herrn v. Vest überein.

Wir können uns nach alledem die zeitliche Entwickelung der Gattung Clausilia in folgende vier Stadien zerlegt denken:

1. Die ältesten Clausilien besassen kein Clausilium (Triptychia u. a. baleaartige Formen.). Reste dieser Urgruppen finden sich noch in der Jetztzeit (Balea). Von diesen Balea-artigen Formen trennten sich Arten ab, bei denen ein innerer Verschluss sich als zweckmässig erwies. Anfangs treten blos Mondfaltenrudimente und zwar an tieferen Stellen als gewöhnlich auf (Triptychia), manchmal schon begleitet von obsoleten Suturalen und Principalen (Triptychia), aber noch ohne Clausilium. Noch lebende Reste solcher Arten bilden einen Theil der früheren Gattung Balea, die sog. Baleo-Clausilien Siebenbürgens.

2. Es entwickelt sich ein anfangs blos stielförmiges, dann zungenförmiges, endlich tief ausgeschnittenes Clausilium (Emarginaria, vielleicht auch Eualopia). Arten von solchem Charakter reichen bis in die Jetztzeit (Alopia, Triloba, Marpessa, Mentissa u. a.). Den älteren Formen ist durchlaufende Spirallamelle eigen; allen ohne Ausnahme fehlt die Mondfalte.

3. Das Clausilium wird Sförmig, die Spiralis anfangs durchlaufend; zahlreiche Gaumenfalten ohne Lunelle; später eine Mondfalte (Laminifera); noch später getrennte Spirallamelle (in der Tertiärzeit noch nicht nachgewiesen). Sämmtliche genannten Unterkategorien reichen bis in die Jetztzeit (Phaedusa; Laminifera; Siciliaria, Medora, Albinaria, Agathylla u. a.).

4. Das Clausilium rundet sich endlich unten ab; die Spiralis ist anfangs noch durchlaufend, mehr oder weniger Gaumenfalten sind vorhanden, aber keine Lunelle (Dilataria, Serrulina, Canalicia, Pseudidyla); schliesslich bildet sich eine Mondfalte aus und die Spirallamelle trennt sich von der Oberlamelle (in der Tertiärzeit noch nicht nachgewiesen). Auch hier sind sämmtliche Unterkategorien bis in die Jetztzeit vertreten (Phaedusa, Dilataria, Serrulina; Delima, Alinda u. a.).

Im grossen und ganzen stimmen diese Kategorien also recht gut mit dem dermaligen Standpunkt unserer Kenntniss der fossilen Clausilien, wenn auch zum Nachweis im einzelnen noch einige Bindeglieder fehlen. Namentlich ist unsere Kategorie 3 in der Vorzeit so schwach vertreten, dass es wahrscheinlich wird, dass sich Nr. 4 in den meisten Fällen direct von Nr. 2 abgezweigt habe, ohne die Vermittelung von Nr. 3 in Anspruch genommen zu haben. Die Richtigkeit dieser Annahme dürfte aber erst erwiesen werden können, wenn uns die Schliessknöchelchen einer grösseren Anzahl fossiler Arten zu Gebote stehen, als dies augenblicklich der Fall ist.

Der ungemeine Formenreichthum der doch im allgemeinen wiederum so übereinstimmend gebauten Gattung Clausilia hat schon frühe den Scharfsinn hervorragender Forscher herausgefordert und sie veranlasst, dieselbe naturgemäss zu gruppiren. Als die wichtigsten derartigen Versuche in neuester Zeit nenne ich:

Schmidt, A., System der europ. Clausilien. Cassel 1868.

v. Vest, W., Schliessapparat der Clausilien. Hermannstadt 1867.

Kobelt, W., Catalog der europ. Binnenconchylien, Cassel 1871, S. 36 und Zusätze und Berichtigungen dazu im Jahrb. d. d. Malakozool. Ges. 1877, S. 29.

Küster, H. C., Binnenconchylien Dalmatiens, III. Clausilia. Bamberg 1875.

v. Möllendorff, O., Studien zur Systematik der Clausilien im Nachrichtsblatt d. d. Malakozool. Ges., 1874, S. 60 und 1875, S. 17.

Pfeiffer, L., Monogr. Helic. viv., Bd. VIII., 1876, S. 455.

Ich will mich in keine Kritik der genannten Arbeiten einlassen, doch gleich am Anfang dieser meiner kurzen Darlegung des Gedankenganges, der mich bei Abfassung des in folgenden Blättern adoptirten Systems leitete, darauf hinweisen, dass das erste der genannten Bücher, A. Schmidt's System der europ. Clausilien, eine unübertreffliche Arbeit, im grossen wie in den kleinsten Details, mir in den meisten Fällen als sichere Richtschnur dienen konnte. Zwei Wege sind es, auf denen die oben genannten Forscher ihrer Aufgabe gerecht zu werden suchten. Die einen unternahmen es, die verwandten Arten in der Weise zusammenzufassen, dass sie dieselben in möglichst scharfbegränzte Gruppen vereinigten, die andern, dass sie dieselben ringförmig aneinanderreihten. Nach reiflicher Ueberlegung wählte ich als die übersichtlichste und für meinen Zweck bequemste die erstere Form, die der linearen Anordnung. Ich wählte sie gerade aus dem Grunde, der A. Schmidt veranlasste, seinen eigenen Weg zu gehen. Dieser unübertroffene Clausilienkenner hat durch seine wunderbar eingehenden Untersuchungen eine solche Klarheit in das frühere Chaos dieser Gattung zu bringen verstanden, dass es jetzt verhältnissmässig leicht ist, sich in derselben zurecht zu finden. Allerdings muss es vorerst immer noch unser Streben sein, in Schmidt'schem Sinne kleinere, aber scharf umgränzte Gruppen — Sectionen und Untersectionen — zu bilden, um so das Gleichartige eng zusammenzufassen. Grössere Abtheilungen — Subgenera — für alle bekannten und noch zu erwartenden lebenden und fossilen Formen aufzustellen, möchte sich bei unserer noch sehr dürftigen Kenntniss der Formen dieser vielgestaltigen Gattung allerdings noch nicht empfehlen, aber sie werden sich späterhin von selbst aufdrängen, freilich nur Männern von umfassender Kenntniss der Formen und vielseitiger systematischer Erfahrung. Schon jetzt lösen sich ja ungezwungen Gruppen von grosser Selbstständigkeit los — Alopia, Triptychia, Marpessa, Laminifera, Nenia und selbst Delima und Phaedusa trotz ihrer Vielgestaltigkeit im einzelnen — die wir jetzt schon als Subgenera der Zukunft bezeichnen können. Die präcise Gliederung in kleine, aber wohl abgegränzte Sectionen in mannichfacher Abstufung der Werthigkeit wird sich hier ebensowenig umgehen lassen, wie bei den Käfern und bei den Reptilien, eine Methode, die freilich das Eindringen in das System für den Anfänger bei weitem schwieriger macht als bei der alten Eintheilung in wenige, aber heterogene Unterabtheilungen. Auch in der Weichthierkunde werden wir bei der vervollständigten Kenntniss, namentlich auch der fossilen Formen, nach und nach dahin gelangen, Stammbäume aufstellen zu können, durch welche die wahre Entwicklungsgeschichte der Gattung in einem ungeahnten Lichte aufgeklärt werden wird. Noch aber sind wir weit von diesem Ziele entfernt. Wie sich das Fitzinger'sche System der Amphibien vom Jahre 1828 von den Haeckel'schen Stammbäumen für diese Thierklasse unterscheidet, werden sich in 50 Jahren unsere systematischen Versuche von den durch gereiftere Erfahrung begründeten und auf eine umfassendere Kenntniss der fossilen Formen aufgestellten Stammtafeln späterer Forscher unterscheiden. Es muss eben immer und immer betont werden, dass ein Stammbaum, wie er jetzt in der systematischen Zoologie en vogue ist, nichts anderes sein soll und sein kann, als ein genetisches System irgend einer Organismengruppe für die jeweilige beste Kenntniss derselben von Seiten seines Autors. Ein Stammbaum ist also nur ein anderer Name für ein jeweiliges unserer augenblicklichen Kenntniss entsprechendes „natürliches System“.

Bei jeder Eintheilung unserer so schwierigen Gattung ist man natürlich davon ausgegangen, möglichst durchschlagende Schalencharaktere zum obersten Eintheilungsprincip zu erheben und hat allmählig allseitig erkannt, dass die tiefer im Schlunde liegenden Merkmale die beständigeren sind und desswegen bei einer Classifizierung am ersten berücksichtigt werden müssen. Aber nahezu jeder Forscher wählte sich anfangs ein anderes solches oberstes Eintheilungsprincip. L. Pfeiffer legte auf das Fehlen oder Vorhandensein der Mondfalte, A. Schmidt auf die Stellung der Spirallamelle in ihrem Verhältniss zu Oberlamelle, v. Vest auf die Form des Clausiliums in erster Linie das Hauptgewicht. Erst in seiner letzten Arbeit berücksichtigt A. Schmidt und ihm folgend Küster alle die genannten Charaktere gleichmässig. Auf diesem Boden bauen auch wir fort.

Die Erkenntnis, dass auf das Fehlen oder das Vorhandensein der Mondfalte kein allzugrosses Gewicht gelegt werden dürfe, ist übrigens schon alt. Es ist in der That nichts seltenes, dass Formen vorkommen, die mitunter eine deutliche, mitunter eine kaum angedeutete, ja fehlende Lunelle aufzuweisen haben (z. B. biplicata Mntg. typus und ihre subsp. bohemica Cless. und Michaudiana Pfr.) und dann wieder Artenreihen, deren eines Endglied eine deutliche Lunelle, deren anderes keine Spur einer solchen besitzt (Serrulina, Agathylla), und welche beide durch ganz allmähliche Uebergänge von Art zu Art verbunden sind. Da wir die Mondfalte nur als den Ausdruck einer Phase in der zeitlichen Entwicklung einer Clausilienspecies auffassen, haben diese Vorkommnisse für uns nichts besonders Auffallendes mehr. Besonders schön sind solche Uebergänge von einer Lamelle durch punktförmig übereinanderliegende Gaumenfalten bis zum Verschwinden derselben aber bei einer ganzen Zahl von Arten der Section Phaedusa, ja, wie schon A. Schmidt beobachtet hat, bei unserer Cl. cana Held zu verfolgen.

Aber auch die Form des Clausiliums hat bei weitem nicht den unbedingten Werth für die Classification der Gattung, wie es Herr v. Vest darzustellen sucht. Schon A. Schmidt hat nachgewiesen, dass die Form des Schliessknöchelchens bei sehr nahe verwandten Arten, wie beispielsweise in unserer Section Mentissa, recht bemerkenswerthen Variationen von der einfach zungenförmigen Gestalt mit schwachem Einschnitt bis zu deutlicher seitlicher Ausrandung unterworfen sein kann. Dasselbe lasst sich in noch höherem Grade bei der Gruppe der Cl. stigmatica Z. zeigen, und Herr von Vest macht sogar selbst auf die merkwürdige Verschiedenheit in der Form des Clausiliums bei den so nahe verwandten Cl. dacica Friv. und bosniensis Zel. innerhalb der Section Herilla aufmerksam. Ja, bei einer und derselben Art unterliegt die Form desselben manchmal deutlichen Formveränderungen. So konnte ich bei der fossilen, zur Section Laminifera gehörigen Cl. rhombostoma Bttg. nachweisen, dass das Clausilium unten mitunter vollkommen abgerundet, mitunter aber auch zugespitzt und knopfförmig verdickt ist. Erwähnen muss ich hier ausserdem noch, dass nach A. Schmidt's und Küster's vollgiltigem Zeugniss in der Section Alopia Arten vorkommen, die manchmal ein vollkommen entwickeltes, in anderen Fällen ein rudimentäres und endlich sogar ausnahmsweise gar kein Schliessknöchelchen aufzuweisen haben. Herr von Vest erklärt diese Thatsache freilich in der Art, dass er meint, nur die mit Clausilium versehenen Exemplare seien ächte Alopien gewesen, während die Stücke ohne Schliessknöchelchen nahe verwandten Balea-Arten angehört hätten. Sind aber beide Formen nur durch die Anwesenheit oder den Mangel des Clausiliums zu unterscheiden, so ist meiner Ansicht nach, wie auch A. Schmidt schon treffend bemerkt, der Werth eines solchen Kennzeichens ganz illusorisch. Auch die fossilen Triptychien sind ihrer ganzen Form und Einrichtung nach Clausilien, aber Clausilien ohne Clausilium. Doch davon später.

Als drittes besonders wichtiges Eintheilungsprincip gilt endlich die mangelnde oder vorhandene Verbindung der Spirallamelle mit der Oberlamelle, ein Schalen-Charakter, der übrigens näher dem Mundsaum liegt, als die beiden schon erörterten Gehäuse-Einrichtungen. In der That, sollte man glauben, läge hier ein ganz evidentes aut — aut vor. Und doch zeigt auch dieser Charakter bei der Erkennung Schwierigkeiten, beim eingehenden Studium desselben mannichfache Variationen. Ich kenne zahlreiche Arten, bei denen die Spirallamelle in vollkommen gleicher Höhe in die Oberlamelle übergeht, so dass man absolut nicht bestimmen kann, wo die eine anfängt und die andere aufhört (Nenia, Laminifera, viele Phaedusen). Dann gibt es Species, bei denen die Biegung der Spirallamelle eine andere ist, als die der Oberlamelle, wo man also trotz der innigen Verschmelzung die ungefähre Gränze beider Lamellen bestimmen kann (einige Canalicien). Wieder andere Arten existiren, wo diese Stelle durch eine Einsenkung, eine geringere Erhebung markirt ist (einige Enalopien, viele Phaedusen) und endlich solche, welche von vorn gesehen, den Eindruck einer durchlaufenden Lamelle machen, bei aufgebrochener Mündung aber zeigen, dass beide Lamellen dicht neben einander endigen (manche Pseudidylen). Die Art und Weise der Trennung beider Lamellen endlich oder gar das Fehlen der einen oder der anderen bieten ebenfalls die verschiedensten Modificationen dar.

Aber auch Variationen dieses Charakters sind bei einzelnen Arten gar nichts so seltenes. Schon A. Schmidt hat bei Cl. pumila Z. auf die Erscheinung aufmerksam gemacht, dass gar nicht selten Exemplare mit getrennter Spirallamelle vorkommen, während die normale Form wie ihre nächsten Gruppenverwandten durchlaufende Spiralis besitzt. Dasselbe lässt sich bei mehreren Arten der Section Phaedusa beobachten, was von Herrn v. Martens zuerst hervorgehoben worden zu sein scheint. Im Verlauf dieser Arbeit komme ich mehrfach auf diese Erscheinung zu sprechen.

Wollen wir also nach alledem eine einigermaassen befriedigende Eintheilung der Gattung unter Berücksichtigung der bis jetzt bekannten fossilen Arten geben, so müssen wir auf alle genannten Charaktere ein möglichst gleichmässiges Gewicht zu legen suchen. Wir haben uns dann weiter an A. Schmidt's Ausspruch gehalten: „Ein naturgemässes System lässt sich nicht a priori construieren; der einzig richtige Weg zu seinem Entstehen ist der schon von Rossmässler u. a. eingeschlagene, die einzelnen scharf und allseitig geprüften Arten zu Gruppen zu vereinigen, dann mit diesen Gruppen ebenso zu verfahren und so weiter fort, bis alles sich zu einem wohlgegliederten und klar disponierten Ganzen zusammenschliesst."

In der Terminologie habe ich mich eng an die praktischen Vorschläge A. Schmidt's gehalten und alle Erhebungen auf der Spindelwand Lamellen (lamellae), alle auf der Aussenwand Falten (plicae) genannt. Das Nähere bitte ich bei Schmidt, System der europ. Clausilien, Cassel 1868, S. 6 oder bei Küster, Binnenconchylien Dalmatiens, III. Clausilia, Bamberg 1875, S. 11 nachzulesen. Nur in einem wesentlichen Punkte bin ich von meinen Vorgängern abgewichen und erlaube mir in dieser Beziehung einen neuen Vorschlag:

„Ich theile die Falten (plicae) nach der Stellung der Principale (plica principalis) in Suturalen (plica suturales), die über, und in Palatalen (plicae palatales s. palatales verae), die unter der Principalfalte stehen. Ich nenne nun die unter der Principalfalte liegenden Gaumenfalten — abweichend von A. Schmidt, Martens, Küster u. a. — der Reihe nach die erste, die zweite u. s. w., während meine Vorgänger die Principalfalte bislang als erste mitgezählt haben. Suturalen und Palatalen numeriere ich wie bisher von oben nach unten."

Zur Begründung dieses meines Vorschlags habe ich folgende Motive: Ich glaube, der Principalfalte gebührt wegen ihres eigenartigen Baues und ihrer hervorragenden Bedeutung für die Bewegung des Clausiliums eine mehr selbstständige Stellung als bisher. Dass dieselbe nämlich im allgemeinen auch eine wesentlich andere Bedeutung für das Thier hat, als die von mir schlechtweg sogenannten Palatalen, ergibt sich schon daraus, dass sie zuletzt und nur in den seltensten Fällen zur Bildung der Mondfalte herangezogen wird — wie wir es besonders schön bei unserer Section Oligoptychia und dem Formenkreis der Cl. thermopylarum Pfr. beobachten können, — während die Palatalen durch Aneinanderrücken oder durch von unten nach oben fortschreitende direkte Verschmelzung zur Bildung einer Mondfalte in erster Linie benutzt werden. Die Principalfalte ist zudem oft nahezu der Mittelpunkt und also gewissermaassen auch ein Ruhepunkt in dem Gewirr der mannichfachen auf der Gaumenwand liegenden Falten.

Sect. I. Balea Prideaux.

Pfeiffer, Monogr. Helic., Leipzig 1876, Bd. VIII. S. 452.

Ich halte die ehemalige Gattung Balea, von der mir leider nur ein sehr dürftiges Material zu Gebote steht, für den letzten Rest einer uralten, schon frühe weitverbreiteten und formenreichen Landschneckengruppe, deren Vertreter als Stammväter der jetzigen clausiliumtragenden Clausilien anzusehen sind und sich in einzelnen besonders widerstandsfähigen, kleinen Formen noch bis in die Jetztwelt erhalten haben. Von der Lebenszähigkeit der Gruppe zeugt ihre noch jetzt weite geographische Verbreitung und ihre auffallende Unabhängigkeit von klimatischen Einflüssen und jeweiliger Bodenbeschaffenheit.

Dass ich die Gruppe Balea der grossen Gattung Clausilia unterordne, ist nicht blos eine Consequenz derselben Reihe von Schlüssen, welche schon meinen Freund A. Schmidt (System der europ. Clausilien, Cassel 1868, S. 22) veranlassten, dasselbe zu empfehlen, sondern auch eine nothwendige Folge meiner eingehenden Untersuchungen der baleaartigen Clausilien der Tertiärzeit. Wenn Triptychia, eine Gruppe ächter Clausilien ohne Schliessknöchelchen, wenn Alopia, Formen, welche theils das Clausilium besitzen, theils desselben ermangeln, zur Gattung Clausilia zu zählen sind — und A. Schmidt's und meine Untersuchungen zwingen zu dieser Annahme —, so sind auch die Baleen, deren Vertreter ganz allmählig durch die Sect. Reinia Kob. ohne wesentliche Formgränze zu Alopia einerseits und zu Oligoptychia (unidentata K.) andererseits überleiten, in den Rahmen der grossen Gattung Clausilia aufzunehmen.

Die jetzt schon bekannte Fülle balea- und alopiaartiger Formen der Vorzeit lässt vermuthen, dass noch eine grosse Zahl solcher Clausilien ohne Clausilium im Schoose der Erde ruht, und es möchte die Voraussage, die sich mir bei diesen anspruchslosen Studien aufdrängte, als ob zu einer ganzen Anzahl von Clausiliensectionen die Baleaformen der Vorzeit noch aufgefunden werden dürften, nicht ganz ohne Berechtigung sein.

Fossil sind meines Wissens Vertreter der typischen Section Balea allerdings noch nicht beobachtet worden. Die folgende Aufzählung, welche sich wesentlich auf Pfeiffer's Monographie stützt, gibt uns eine Uebersicht der bis jetzt bekannten lebenden Arten. Ich stelle darin die von den typischen Clausilien am weitesten abweichenden Formen obenan *):

a. Gruppe der tristensis Leach. Lamella supera nulla.

tristensis Leach, Tristan d'Acunha.
ventricosa Leach, Tristan d'Acunha.
peregrina Gould, Neuseeland.

b. Gruppe der perversa L. (Balia Bourg.) Lamella supera plus minus perfecta.

* perversa L., Europa, Azoren, Madeira
  var. pyrenaica Bourg., Pyrenäen, Schweden.
  var. Rayiana Bourg., Frankreich, Schweden.
  var. Deshayesiana Bourg., Südeuropa.
  var. lucifuga Leach, England.
  var. Fischeriana Bourg., Alpen.
n. sp. Kobelt, Asturien.

---

*) Alle mit einem * versehenen Arten habe ich selbst auf ihre Stellung im System eingehend geprüft. Die mit einem † versehenen Genera und Species sind auch fossil, die mit †† bezeichneten nur fossil beobachtet worden.

Sect. II. Reinia Kobelt.

Jahrb. der deutsch. malakozool. Ges., Bd. III, 1876. S. 34.

Bis jetzt nur lebend bekannt. Hieher die einzige Art:
variegata A. Ad., Japan.

---

†† Sect. III. Triptychia Sandberger.

Land- und Süsswasser-Conchylien der Vorwelt. Wiesbaden 1870—75. S. 460.

Char. Testa major vel maxima, clausiliaeformis, sinistrorsa. Apertura piriformis, subtus rotundata; lamella supera cum spirali conjuncta, infera et subcolumellaris conspicuae. Plica principalis semper deficiens, plicae palatales nullae: interdum callus internus lunellae instar in incrementis junioribus. Clausilium nullum.

Die meist grosse bis sehr grosse Schale ist clausilia-ähnlich und fast immer linksgewunden (nur bei Cl. helvetica K. Mayer kommen auch rechtsgewundene Exemplare vor). Die birnförmige, unten gerundete, niemals gekielte Mündung zeigt, wenn, wie in weitaus den meisten Fällen, eine Spirallamelle vorhanden ist, diese mit der Oberlamelle vollkommen verbunden, sowie stets die Unter- und die Subcolumellarlamelle. Clausilium, Principalfalte und ächte Gaumenfalten dagegen fehlen immer. In den jüngeren Windungen findet sich bei einigen Arten ein mondfaltenähnlicher callöser Wulst.

Zu bemerken ist noch zu dieser allgemeinen Charakteristik der Section, dass bei den zeitlich jüngsten Formen derselben, vielleicht schon im Mittel-Miocän (bei Cl. maxima Grat.), jedenfalls aber im Mittel-Pliocän (bei Cl. Terveri Mich. und clava Sbg.) Decollation der jüngeren Windungen vorkommt und damit zugleich ein gänzliches Schwinden der Spiral-Lamelle (bei Cl. Terveri) zugleich mit dem Zurücktreten der Ober-Lamelle verbunden sein kann. Dass das Clausilium in der That fehlt, davon konnte ich mich an Hunderten von Exemplaren, insbesondere der häufigeren Arten suturalis Sbg., vulgata Rss. und bacillifera Sbg. überzeugen. Während ich bei den übrigen fossilen Clausilien so glücklich war, doch ungefähr unter je fünf Stücken eins zu finden, in dem das Schliessknöchelchen noch steckte, glückte mir das Auffinden eines solchen bei in Rede stehenden Formen trotz meiner jahrelang fortgesetzten Bemühungen niemals. Ich glaube keinen Fehler zu begehen, wenn ich bei der gegenseitig überaus nahen Verwandtschaft der in Rede stehenden Formen diese Thatsache verallgemeinere und auf die ganze Gruppe ausdehne.

Die Section Triptychia, von Sandberger zuerst a. o. angeführter Stelle als Untergattung von Clausilia für zahlreiche miocäne und selbst pliocäne Arten in Vorschlag gebracht, hätte nach den Anschauungen der Mehrzahl der jetztlebenden Conchyliologen durch das absolute Fehlen eines Clausiliums eigentlich generischen Werth, nach meiner Ansicht aber, der ich durch das Studium der verwandten Formen mit A. Schmidt nur einen untergeordneten Werth auf das Vorhandensein oder das Fehlen eines Schliessknöchelchens legen kann, bildet sie, abgesehen von der zum Theil riesigen Grösse einzelner Species, nur ein gutes Vermittlungsglied zwischen den wenigen zur Sect. Balea Prid. zu rechnenden Formen und den baleaähnlichen Arten der Sect. Alopia Ad.

Der Section Triptychia gehören bis jetzt folgende 18 fossile Arten an:

†† a. **Gruppe der Terveri Mich.** Lamella infera subcolumellarisque conspicuae, supera spiralisque obsoletae; testa decollata.

†† Terveri Mich. Mittel-Pliocän. Hauterive.
†† clava Sbg. Mittel-Pliocän. Celleneuve.

†† b. **Gruppe der antiqua Schübl.** (Eutriptychia m.) Lamella spiralis, supera, infera subcolumellarisque conspicuae; testa non decollata.

*†† limbata Sbg. Unter-Pliocän. Komorn.
†† helvetica K. Mayer. Ober-Miocän. Schweiz.
†† maxima Grat. Mittel-Miocän. Dax.
*†† Escheri K. Mayer. Unter-Miocän. Schwaben.
†† Larteti Dupuy. Mittel-Miocän. Sansan.
†† suevica Sbg. Unter-Miocän. Schwaben.
†† ulmensis Sbg. Unter-Miocän. Schwaben.
*†† obliqueplicata Sbg. Mittel-Miocän. Oesterreich.
*†† antiqua Schübl. Unter-Miocän. Schwaben.
*†† molassica n. sp. Mittel-Miocän. Thun.
*†† hassiaca n. sp. Mittel-Miocän. Bieber bei Offenbach.
*†† suturalis Sbg. Mittel-Miocän. Steinheim.
*†† grandis Klein. Ober-Miocän. Schwaben.
*†† recticosta n. sp. Unter-Miocän. Hochheim.
*†† bacillifera Sbg. Ober-Miocän. Undorf bei Regensburg.

†† c. **Gruppe der vulgata Rss.** (Plioptychia m.) Lamella spiralis, supera, infera subcolumellarisque conspicuae, plica suturalis obsoleta, callus lunellae instar in incrementis junioribus; testa non decollata.

†† vulgata Rss. Unter-Miocän. Nordböhmen).

Ich lasse nun meine Beobachtungen an den bekannten und die Beschreibungen der neuen Arten folgen. Die Species, von denen mir Originalexemplare fehlen, führe ich der Vollständigkeit halber mit auf:

*) Eine weitere 19. Art wurde mir in jüngster Zeit noch von Herrn Professor Dr. M. Neumayr in Wien zugesendet, der sie in einer jedenfalls jungtertiären Süsswasserablagerung in Üsküp (Skopia) in Macedonien sammelte, die ausserdem nur noch neue Formen von Prososthenien und Neritinen enthielt. Die fein und regelmässig gestreifte Species ist aber, da nur ein Theil der letzten Windung vorliegt, leider zu einer genaueren Beschreibung zu mangelhaft, unterscheidet sich jedoch durch die sehr steil gestellte, wie die Unter-Lamelle randläufige Subcolumellar-Lamelle von der etwa gleichgrossen Cl. (Triptychia) obliqueplicata Sbg. genügend, um wenigstens als specifisch verschieden erkannt werden zu können.

a. Gruppe der Terveri Mich.

†† 1) **Clausilia (Triptychia) Terveri Mich.**

Coqu. foss. d. Hauterive. Extr. d. Actes d. l. soc. Linn. de Lyon. 1855. S. 13. Taf. IV. Fig. 6; Sandberger, Vorwelt S. 720. Taf. XXVII. Fig. 20.

Mittel-Pliocän von Hauterive (Drôme) und Meximieux (Ain): nach Sandberger a. a. O., S. 598, wahrscheinlich auch im Ober-Miocän von Irschenberg und dem Kaltenbach-Graben bei Miesbach in Baiern.

Diese im Alter decollierende Art ist nach Sandberger leicht von allen älteren Triptychien zu unterscheiden, da sie statt der bei jenen aus der Vereinigung von oberer und spiraler Lamelle hervorgehenden starken und tief eindringenden Falte nur einen kleinen Höcker als Rudiment derselben bemerken lässt.

†† 2) **Clausilia (Triptychia) clava Sandberger.**

M. de Serres (Bulimus sinistrorsus): Paladilhe, Rev. d. Scienc. natur., Bd. II. S. 48 (Claus. maxima); Sandberger; Vorwelt S. 721.

Mittel-Pliocän von Celleneuve.

Bei dieser ebenfalls decollierenden Art ist die Oberlamelle zwar auch sehr kurz, zeigt aber immerhin noch die Form einer zusammengedrückten Lamelle, wie sie die älteren Arten besitzen. Ich kenne sie aus Autopsie leider ebensowenig, wie die vorhergehende.

b. Gruppe der antiqua Schübl. (Eutriptychia m.).

†† 3) **Clausilia (Triptychia) limbata Sandberger.**

(Taf. I., Fig. 1 a—c).

Sandberger, Vorwelt S. 702.

Char. Testa permagna, ventrioso-fusiformis, haud decollata, apice obtuso, basi late rimata. Anfractus 13 convexiusculi, infra suturam obsolete crenatam impressi, 3 initiales laeves, caeteri costulis transversalibus fere strictis, rectis, in ulterioribus striis magis magisque irregularibus fasciculatis ornati, ultimus rotundatus tertiam fere partem omnis altitudinis aequans. Apertura subpiriformis, superne acutangularis, intus labiata, marginibus callosis, late reflexis, supero soluto, sinuato, columellari intus excavato. Lamellae mediocres, a margine recedentes, supera parva, cum lamella spirali conjuncta profunde intrante, infera subcolumellarisque stricte et praeruptissime descendentes, parallelae, superpositae. Plica principalis, palatales lunellaque deficientes.

Die enorme, bauchig-spindelförmige, im Alter nicht decollierende Schale verjüngt sich nach oben allmählich und besitzt eine stumpfe, nicht merklich knopfförmig verdickte Spitze und einen breiten, das etwas convexe, gerunzelte Nabelfeld umschliessenden Nabelritz. Von den 13 Umgängen sind wenigstens die letzten deutlich gewölbt, aber unterhalb der undeutlich gekerbten Nähte, die kaum eingesenkt erscheinen, in Form eines denselben parallel laufenden Bandes sichtlich eingedrückt. Die 3 ersten Windungen sind glatt, die nächsten mit ziemlich zahlreichen flachen, wenig gebogenen Rippchen, die letzten mit nach unten hin schwächer ausgeprägten, unregelmässigen Bündeln von weniger deutlich rippenförmig erscheinenden Anwachsstreifen versehen. Der letzte Umgang ist gerundet und beträgt $^1/_3$ der Gesammthöhe des Gehäuses. Die am linken Rande nicht ganz vollständig erhaltene Mündung ist nahezu birnförmig, oben mit langem und spitzem Sinulus, innen gelippt, aussen mit verdickten und umgeschlagenen Rändern versehen. Der obere Saum ist losgelöst und buchtig. Die Lamellen sind verhältnissmässig nicht sehr stark entwickelt; ihr Ende wird durch die breit ausgehöhlte Spindel von dem wulstigen Mundsaum getrennt. Die obere Lamelle ist nicht hoch, zieht sich aber mit der Spirallamelle vereinigt, allmählich stärker werdend, tief in den Schlund der Mündung hinein, die untere und die Subcolumellarlamelle sind von gleicher Form und Grösse und drehen sich, gerade über einander gestellt, in senkrechter Richtung nach oben. Von einer Principalfalte, Gaumenfalten und einer Mondfalte fehlt jede Spur.

Grösse. Alt. 55 mm., lat. 17½ mm. Alt. apert. 16½ mm.

Fundort. Diese prachtvolle und eigenthümliche Art fand sich in den unterpliocänen Inzersdorfer Schichten bei Acs an der Donau, in der Nähe von Komorn. Das einzige bekannte Exemplar des K. K. Hof-Mineraliencabinets in Wien wurde mir durch die Zuvorkommenheit des Herrn Director Prof. Tschermak und Custos Dr. Th. Fuchs bereitwilligst zur Untersuchung anvertraut.

Foss. Verw. Sandberger vergleicht a. a. O., S. 702, die in Rede stehende Art mit Cl. (Triptychia) helvetica K. Mayer aus dem schwäbischen und schweizerischen Ober-Miocän und bemerkt, dass sie sich durch feinere Rippen, durch das der Naht parallel verlaufende, schwach eingedrückte Band, sowie durch die steile Neigung der Unter- und Subcolumellarlamelle gegen die breite ausgehöhlte Spindel unterscheide. Abgesehen von der Grösse, der Form der Oberlamelle, der stets decollierenden Schale und der abweichenden Sculptur finde ich auch die Formähnlichkeit unserer Art mit Cl. (Triptychia) Terveri Mich. (Sandberger, Vorwelt, S. 720, Taf. XXVII., Fig. 20 und 20a) aus dem Mittel-Pliocän von Hauterive (Drôme) und Meximieux (Ain), soweit von einer Vergleichung bei mangelndem Originalexemplar die Rede sein kann, beachtenswerth.

†† 4) Clausilia (Triptychia) helvetica K. Mayer.

K. Mayer MS.; Sandberger, Vorwelt S. 598.

Ober-Miocän von Andelfingen und Adelegg (Oberschwaben), Baarburg (Cnt. Zug), Bötzberg (Aargau), Reuenthal, Rüti, Dürnten (Ctn. Zürich) und Katzenstrebel (Cnt. St. Gallen). Nach Sandberger a. a. O., S. 546, wahrscheinlich auch im Ober-Miocän von Laymont im südwestlichen Frankreich.

Die Art ist mir unbekannt. Sandberger erwähnt auch ein rechtsgewundenes Exemplar dieser Species von Reuenthal, das uns an analoge Vorkommnisse bei der Section Alopia Ad. erinnert.

†† 5) Clausilia (Triptychia) maxima Grateloup.

Mém. sur l. coqu. foss. du bassin de l'Adour, S. 117, Taf. IV, Fig. 17, Atlas conch. fossil. d. bass. de l'Adour, Taf. IX, Fig. 20; Noulet, Mém. sur les coqu. foss. d'eau douce du S. Ouest d. l. France, II. Ausg., S. 152 part.; Sandberger, Vorwelt S. 514, Taf. XXV, Fig. 35 und 35a.

Mittel-Miocän von Mandillot bei Dax (Landes).

Ist, wie bei Cl. (Triptychia) Escheri K. Mayer auseinandergesetzt werden soll, näher mit dieser als mit der von Sandberger mit ihr verglichenen Cl. (Triptychia) ulmensis Sbg. verwandt.

*†† 6) Clausilia (Triptychia) Escheri K. Mayer.

(Taf. I., Fig. 2a—e).

K. Mayer in coll. polyt. helvet.; Schübler b. Zieten, Verstein. Württemb., Taf. XXI, Fig. 3 excl. 4 (Cl. antiqua); Sandberger, Vorwelt S. 461.

Char. Testa magna, cylindrico-turrita, gracilis, basi parum declivi, anguste rimata. Anfractus 16, lentissime accrescentes, vix convexi, suturis impressis disjuncti, a quarto costulis transversalibus numerosis, modice distantibus, simplicibus, acutis, subrectis ornati, ad basin modo haud cristatam dichotomis; ultimus parum amplior, penultimo sescuplum altior. Apertura parva, angusta, irregulariter piriformis, sinulo parvulo, marginibus continuis, solutis, incrassatis, reflexis, parietali parum protracto, superne sinuatim emarginato. Lamella supera valida, obliqua, cum lamella spirali conjuncta, a margine parum recedens, infera multo minor, remota, parum arcuata, subverticalis, subcolumellaris valida, angulata, paene ad marginem producta. Plica principalis, palatales lunellaque deficientes.

Die relativ grosse, schlank pfriemenförmige Schale zeigt äusserst langsam an Breite zunehmende Windungen auf wenig steil geneigter, eng nabelritziger Basis. Die 16 kaum gewölbten Umgänge sind durch eingedrückte Nähte von einander getrennt und vom vierten an mit nicht sehr weit von einander entfernten, sehr zahlreichen einfachen und scharfen, fast senkrechten Querrippen verziert, welche nur an der nicht mit einem Kamm versehenen gerundeten Basis dichotomieren. Die letzte Windung ist wenig geräumig und wenig mehr als $1^1/_2$ mal so hoch als die vorletzte. Die verhältnissmässig kleine und schmale Mündung ist unregelmässig birnförmig und zeigt einen sehr kleinen Sinulus und völlig freie, zusammenhängende, verdickte und umgeschlagene Ränder; der Spindelrand ist relativ wenig vorgezogen, aber verhältnissmässig hoch oben eingebogen, der linke dagegen einfach flach gerundet. Die kräftige Oberlamelle zeigt sich nach links geneigt und sehr schief gestellt; sie ist nach hinten mit der Spirallamelle vereinigt und tritt nach vorn nicht ganz bis an den Aussenrand. Die Unterlamelle erscheint weit schwächer, wenig gebogen nach aufwärts steigend und tritt ziemlich weit zurück, während die Subcolumellarlamelle wieder sehr sichtbar als kräftige winklig gebogene Falte fast bis an den äusseren Saum des Peristoms reicht.

Grösse. Alt. 6 ulterior. anfract. $27^1/_2$ mm., lat. 8 mm. Alt. apert. 8 mm., lat. apert. $4^3/_4$ mm.

Fundort. Das prachtvoll bis auf die fehlenden — wahrscheinlich decollierten — Jugendwindungen erhaltene Exemplar, nach welchem die Abbildung und Beschreibung gemacht wurde, verdanke ich der Freundlichkeit des Herrn Pfarrer Dr. Probst in Unter-Essendorf, der dasselbe im untermiocänen unteren Rugulosakalk von Ehingen sammelte. Selbst fand ich nur einen Steinkern dieser Art von 5 jüngeren Umgängen im untermiocänen Kalk von Berg bei Ehingen. Sandberger gibt als Fundpunkte für diese Art noch den Staufener Tunnel im Allgäu und Rüfi (Cnt. St. Gallen) an, wo die Species ebenfalls in Begleitung von Helix Ramondi Brongn. in der unteren Süsswassermolasse vorkomme.

Foss. Verw. Von fossilen Arten ist ohne allen Zweifel Cl. (Triptychia) maxima Grat. (Sandberger, Vorwelt. S. 514. Taf. XXV. Fig. 35 und 35a) aus dem Mittel-Miocän von Mandillot bei Dax (Landes) am nächsten verwandt, die Sandberger auffallender Weise seiner ulmensis ähnlich nennt. Der Unterschied von Cl. (Triptychia) maxima und unserer Art liegt abgesehen von der geringeren Grösse schon in dem vollständig freien oberen und rechten Mundrand bei Escheri und dem umgekehrten Verhältniss in der Ausbildung von Unter- und Subcolumellarlamelle.

Leb. Verw. Fehlen wie bei allen Triptychien.

†† 7) Clausilia (Triptychia) Larteti Dupuy.

Journ. de Conch. 1850. S. 306, Taf. XV. Fig. 4; Noulet, Mém. s. l. coqu. d'eaux douces d. S. Ouest d. l. France. II. Ausg., S. 152 part. et excl. synon. (Cl. maxima); Sandberger, Vorwelt S. 546.

Mittel-Miocän von Sansan und Ornezan.

Habe ich mir bis jetzt nicht verschaffen können.

†† 8. Clausilia (Triptychia) suevica Sandberger.

Vorwelt S. 461. Taf. XXIX. Fig. 1 a.

Ehingen, in den untersten Schichten des Unter-Miocäns.

Nach der Sandberger'schen Abbildung zu urtheilen möchte auch ich diese Form für eine gute, von der folgenden zu trennende Art halten.

†† 9) Clausilia (Triptychia) ulmensis Sandberger.

Vorwelt S. 461. Taf. XXIX. Fig. 1.

Michelsberg und Göttingen bei Ulm, im obersten Kalke des Untermiocäns.

Auch diese von Sandberger gut charakterisierte Art ist mir bis jetzt unbekannt geblieben.

***†† 10) Clausilia (Triptychia) obliqueplicata Sandberger.**

(Taf. I., Fig. 3 a—c und 4).

Sandberger, Vorwelt S. 532.

Char. Testa grandis, non decollata, fusiformis, superne sensim attenuata, apice parum incrassato, basi anguste rimata, periomphalo parvo. Anfractus 14½ vix convexi, suturis impressis subtiliter crenatis disjuncti, 3 initiales laeves, sequentes costis transversalibus multis simplicibus, strictis, valde obliquis, ulteriores costulis numerosis sensim tenuioribus et confertis, denique fasciculatis ornati, ultimus parum convexus $^{2}/_{5}$ omnis altitudinis aequans. Apertura obliqua, irregulariter piriformis, intus labiata, sinulo angusto longissimo, marginibus continuis, paulum productis, supero appresso, sinuato, incrassato, dextero reflexo, libero, sinistro, simplici, arcuato. Lamellae mediocres, usque ad marginem peristomatis productae, supera cum lamella spirali conjuncta, subhorizontalis, infera et subcolumellaris angulata oblique descendentes, parallelae, praerupte (15°) contra marginem peristomatis inclinatae. Plica principalis, palatales lunellaque deficientes.

Die grosse, mit engem Nabelritz und nur schmalem Nabelfeld versehene, rein spindelförmige Schale verschmälert sich nach oben langsam, um schliesslich in einer nur schwach verdickten, nicht decollierenden Spitze zu endigen. Die 14½ Umgänge sind fast eben und durch tief eingesenkte und schwach gezähnelte Nähte getrennt. Von diesen Windungen sind die 3 ersten glatt, die folgenden mit zahlreichen geradlinigen, auffallend schief gestellten, einfachen Querrippen, die letzten aber mit noch zahlreicheren, allmählich feiner werdenden, gedrängten, schliesslich büschelförmig zusammenstehenden Rippchen geziert. Der letzte Umgang ist nicht besonders auffallend gewölbt und beträgt etwa $^{1}/_{3}$ der Gesammthöhe der Schale. Die etwas schiefe, stark an die vorletzte Windung angedrückte, langgezogene, fast birnförmige Mündung zeigt innen eine deutliche Lippe, einen sehr langen und schmalen Sinulus und wenig vorgezogene, oben zusammenlaufende Ränder, von denen der obere angedrückt, etwas geschweift und verdickt, der rechte schwach vorgezogen und frei und der über der Mitte etwas vortretende linke in der Vorderansicht fast geradlinig und scharf erscheint. Alle Lamellen sind mässig kräftig und bis an den Rand des Peristoms vorgezogen, die obere mit der Spirallamelle verbunden, nahezu horizontal heraustretend, die untere und die unten etwas abgestutzte und daher in der Vorderansicht gerade in der Mitte etwas winklige Subcollumellarlamelle schief herablaufend, parallel unter 45° steil gegen den Rand des Peristoms geneigt. Principalfalte, Gaumenfalten und Mondfalte fehlen.

Grösse. Alt. 42 mm., lat. 11½ mm. Alt. apert. 12 mm., lat. apert. 7½ mm.

Fundort. Diese Art findet sich, wie es scheint, nicht sehr selten in Bruchstücken im mittelmiocänen Sande von Grussbach bei Wien. Das schöne Stück, von welchem ich die Abbildung geben konnte, gehört dem K. K. Hof-Mineralienkabinet in Wien und wurde mir durch die Herren Director Prof. Tschermak und Custos Dr. Th. Fuchs anvertraut. Süss und Sandberger halten es auch für wahrscheinlich, dass die fragmentarisch erhaltenen Abdrücke einer Triptychie, welche in den Kalken von Ameis vorkommt, zu dieser Species gehören. Fast mit Sicherheit ist hierher auch eine bei gleicher Grösse identisch sculpturierte Art zu zählen, die Stur in einem Strasseneinschnitt östlich bei Heil. Kreuz in Tegela gesammelt hat, welche er den Schichten von Rein und Köflach — also ebenfalls mittelmiocänen Straten — parallelisiert, und die mir aus der Sammlung der K. K. geologischen Reichsanstalt in Wien durch Herrn Director Ritter Fr. v. Hauer gütigst mitgetheilt wurde. Exemplare aus dem mittelmiocänen Meeressande von Grund bei Wien, von wo Sandberger a. a. O., S. 532 die Art ebenfalls erwähnt, sind mir nicht zu Gesicht gekommen.

Foss. Verw. Von fossilen Triptychien ist meiner Ansicht nach nicht Cl. maxima Grat. (Sandberger, Vorwelt S. 514, Taf. XXV. Fig. 34) aus dem Unter-Miocän von Dax, wie Sandberger das, S. 532 angiebt, sondern Cl. ulmensis Sbg. (ebenda S. 461, Taf. XXIX. Fig. 18) aus dem Unter-Miocän vom Michelsberg und von Göttingen bei Ulm die nächstverwandte Art, die sich aber durch die abweichende Sculptur und die Lage der beiden unteren Lamellen, welche nicht bis an den Mundsaum herauslaufen, scharf unterscheidet. In der Form der Mündung zeigt auch die über die Hälfte kleinere Cl. (Triptychia) vulgata Rss. aus dem Unter-Miocän von Nordböhmen eine gewisse Aehnlichkeit.

Leb. Verw. Lebende Arten dieser Gruppe existieren, wie bereits mehrfach bemerkt, in der Jetztwelt nicht mehr.

*†† 11) Clausilia (Triptychia) antiqua Schübler.

(Taf. I., Fig. 5 var. uter m.).

Schübler b. Zieten, Verst. Württemb. S. 41. Taf. XXXI. Fig. 4 non 3; Klein, Württemb. Jahresh., Bd. II. S. 74 ex p.; Quenstedt, Petrefactenk., II. Aufl., S. 485. Taf. XLV. Fig. 485; Sandberger, Vorwelt, S. 460, Taf. XXI. Fig. 14 und 14 a.

Zu der Abbildung und Beschreibung dieser Art bei Sandberger ist hinzuzufügen, dass die Zahl der Umgänge von 14 bis zu 16 schwankt.

Neben der typischen, von letztgenanntem Forscher abgebildeten Form, welche eine Höhe von 22—26½ mm. erreicht, kommt noch eine langgestreckte, cylindrische, nur oben stark verengte, und ebenfalls mit knopfförmiger Spitze versehene Abart nicht gerade selten im Unter-Miocän von Thalfingen vor, die ich der Güte des Herrn Apothekers Wetzler in Günzburg a. d. Donau verdanke, und deren Grösse bei nur 7 mm. grösster Breite bis zu 29 mm. Höhe erreicht. Da ich trotz der auffallenden Form keinen Unterschied in den Mündungslamellen bemerken konnte, — vielleicht ist der rechte obere Mundsaum etwas breiter umgeschlagen als bei antiqua Schübl. typus — trenne ich dieselbe nur als Varietät (uter m.) von der Normalform ab.

Fundort. Ich habe die typische Cl. antiqua ausser im Unter-Miocän von Thalfingen und Eckingen, von wo sie Sandberger bereits anführt, auch noch im Unter-Miocän von Ermingen in Bruchstücken aufgefunden.

Foss. Verw. Die Unterschiede dieser Art von der nachfolgenden sollen bei dieser besprochen werden.

*†† 12) Clausilia (Triptychia) molassica n. sp.

(Taf. I., Fig. 6—9).

Die mittelgrosse, leider nur in plattgedrückten Stücken aus einem feinkörnigen, glimmerigen, weichen Sandstein bekannte Art besitzt 13 Umgänge und ist in Form und Grösse der vielleicht etwas älteren Cl. (Triptychia) antiqua Schübl. (Sandberger, Vorwelt S. 460, Taf. XXI. Fig. 14) aus dem schwäbischen Unter-

Miocän höchst ähnlich, aber durch die schwächeren und zahlreicheren Querrippchen — Kennzeichen, die bei dieser Gruppe specifischen Werth zu besitzen scheinen — leicht zu unterscheiden. Cl. (Triptychia) molassica hat nämlich auf der Hälfte der letzten Windung wenigstens 30 deutliche, gebogene Rippchen, die auf derselben häufig dichotomieren, während Cl. antiqua nie mehr als 22 mehr senkrecht gestellte Rippen besitzt, welche auf der letzten Windung noch weitläufiger werden und hier nur ausnahmsweise sich gabeln. Die Nähte von Cl. molassica sind gekerbt, und die Umgänge scheinen eine ähnliche Impression unterhalb der Naht gehabt zu haben, wie sie Cl. (Triptychia) suturalis Sbg. auszeichnet.

Grösse. Die Höhe beträgt 24⅓ mm, bei etwa 8 mm. grösster Breite: doch dürfte die letztere Zahl wahrscheinlich etwas zu hoch gegriffen sein, da sämmtliche vorliegenden Stücke breitgequetscht sind.

Fundort. Diese Species wurde zusammen mit Pflanzenresten in 4 Exemplaren von Leopold von Buch in der Süsswassermolasse (? Mittel-Miocän) vom Grüsisberg bei Thun in der Schweiz gesammelt und in dem K. Museum in Berlin niedergelegt, von wo sie mir durch Herrn Geh. Rath Prof. Dr. Beyrich zur Publication zuging. Wahrscheinlich ist dies auch dieselbe Art, welche nach einer brieflichen Mittheilung des Herrn Prof. A. Mousson in Zürich bei Sigriswyl am Thunersee im tiefsten Miocän vorkommt und von der schöne Serien im Berner und Züricher Museum liegen sollen.

Foss. Verw. Von den bis jetzt bekannten Arten der Section Triptychia könnte, abgesehen von der bereits oben erwähnten Cl. antiqua, der Grösse nach nur noch die etwas grössere Cl. suturalis Sbg. aus dem Mittel-Miocän von Steinheim am Aalbach in Betracht kommen; diese aber ist leicht durch die äusserst feinen Anwachsstreifchen zu unterscheiden.

Leb. Verw. Fehlen.

*†† 13) Clausilia (Triptychia) hassiaca n. sp.

(Taf. I., Fig. 10 a und b).

Es liegt nur ein einzelner Steinkern mit den 6⅓ letzten Umgängen, aber abgebrochener Mündung dieser für das Mainzer Becken neuen Species vor. Die Schale war danach sehr schlank, spindelförmig, nur sehr wenig bauchig, mit sehr allmählich an Breite zunehmenden und deutlich, aber schwach gewölbten Umgängen. Gaumenfalten, Mondfalte und Principalfalte fehlen auf dem sonst sehr gut erhaltenen glatten und glänzenden letzten Umgang.

Grösse. Die Höhe des abgebildeten Bruchstückes beträgt 18 mm., die grösste Breite fast 7 mm.

Fundort. Die äusserst seltene Art fand sich in den mittelmiocänen Hydrobienkalken in den Steinbrüchen am Bieberer Berg (Bürgel) bei Offenbach a. M., zusammen mit den dort nicht seltenen Steinkernen von Cl. (Eualopia) plionecton n. sp. Leider ist keine Aussicht, an dem genannten Orte noch mit Schale erhaltene Stücke zu entdecken, da alle Versteinerungen der Bieberer Kalkbrüche ohne Ausnahme, die mir bis jetzt zu Gesicht gekommen sind, als Steinkerne erhalten waren. Das einzige bekannte Exemplar befindet sich in meiner Sammlung.

Foss. Verw. Nach den oben erwähnten meist leider nur negativen Befunden und dem ganzen Habitus gehört diese Species der Section Triptychia an, in welcher sie eine der mittelgrossen Arten darstellt. Trotz der ungenügenden Erhaltung konnte ich beim Vergleich mit den übrigen bekannten Triptychien in dem langsameren Anwachsen der Umgänge einen Charakter erkennen, der unsere Art von denselben specifisch unterscheidet.

Leb. Verw. Fehlen.

*†† 14) Clausilia (Triptychia) suturalis Sandberger.

Klein. Württemb. Jahresh., Bd. II., S. 71, Taf. I. Fig. 17 (Cl. antiqua non Schübl.); Sandberger, Vorwelt S. 652, Taf. XXVIII. Fig. 11 und 11 a.

Zu Sandberger's Abbildung und Beschreibung weiss ich nur hinzuzufügen, dass die Species in der gröberen oder feineren Sculptur etwas variiert, dass aber Gestalt und Grösse — abweichend von anderen Landconchylien und besonders von den Süsswasserschnecken derselben Lokalität — nur unbedeutenden Modificationen unterworfen ist.

Grösse. Alt. 28—32 mm., lat. 7—8 mm. Alt. apert. 8 mm., lat. apert. 5 mm.

Fundort. Diese von Sandberger zuerst unterschiedene prächtige Art aus dem mittelmiocänen Schneckensand von Steinheim a. Aalbach dürfte die einzige Triptychie sein, welche in gut erhaltenem Zustand häufiger vorkommt. Die mindestens 200 Exemplare, die ich — z. Th. durch die Güte des Herrn Prof. Dr. O. Fraas in Stuttgart — zu untersuchen Gelegenheit hatte, machten mich zuerst auf den Mangel des Clausiliums bei dieser Sertion aufmerksam.

Foss. Verw. Die Unterschiede der Cl. (Triptychia) suturalis von ihren nächsten Verwandten sind bei diesen besprochen worden.

†† 15) Clausilia (Triptychia) grandis Klein.

(Taf. I., Fig. 11—13 und 14 a—c).

Klein, Württemb. Jahresh., Bd. II. S. 73, Taf. I. Fig. 16 und Bd. IX. S. 215 non Gobanz; Sandberger, Vorwelt S. 597.

Zu der an bezeichneter Stelle bei Sandberger gegebenen Diagnose glaube ich nach sorgfältiger Prüfung sehr zahlreicher Exemplare noch folgende Zusätze machen zu sollen:

Testa fusiformis vel ventrioso-fusiformis. Anfractus 14—16, ultimus ⅓—¼ omnis altitudinis aequans. Apertura regulariter piriformis, marginibus intus excavatis, extus filiformibus, vix reflexis, sinistro undato, media parte protracto, parietali plerumque incrassato. Lamellae haud ad marginem productae, supera subhorizontalis.

Die Schale ändert von der rein spindelförmigen bis zur bauchig-spindelförmigen Totalgestalt ab und endet oben in eine knopfförmige Spitze, die im Vergleich mit der ihrer nächsten Verwandten sogar etwas spitzlich genannt werden darf. Die Umgänge variieren der Zahl nach von 14 zu 16 und der letzte erreicht etwas über ⅓ bis zu vollen ¼ der Totalhöhe der Schale. Die rein birnförmige, oben am Sinulus nur durch eine ganz schwache Schwiele verbundene Mündung hat innen ausgehöhlte, aber aussen fadenförmig verdickte Rander, welche nur sehr wenig umgeschlagen erscheinen. Der linke Mundrand ist wellenförmig gebogen und in ⅓ seiner Höhe schwach vorgezogen, der flach Sförmig gebogene Spindelrand dagegen zeigt sich etwas nach unten gezogen und meist deutlich verdickt. Die Lamellen berühren den Mundrand ebensowenig wie bei Cl. (Triptychia) bacillifera; die Oberlamelle bildet, von aussen gesehen, mit der Horizontale einen Winkel von 30°.

Grösse. Alt. 30—35 mm., lat. 9—10 mm. Alt. apert. 8½—10½ mm., lat. apert. 5—6½ mm.

Fundort. Eine prachtige Suite dieser Art, nach der auch die Zeichnungen auf Taf. I., mit Ausnahme von Fig. 6, welche ich selbst gefunden habe und die in meinem Besitz ist, gefertigt sind, verdanke ich der Gefalligkeit des Herrn Apothekers Wetzler in Günzburg a. d. Donau. Sämmtliche mir zur Disposition stehenden Stücke stammen aus dem obermiocänen Kalkmergel von Mörsingen bei Zwiefalten in Württemberg. Sandberger gibt aber noch weitere Fundstellen für die Art an, nämlich Anwyl bei Basel, Vermes bei Delsberg, Mammern (Cnt. Thurgau), Sitzberg bei Wyla und Hombrechtikon (Cnt. Zürich) und Marktl bei Ortenburg in Baiern, Lokalitäten, welche sämmtlich wohl zum Ober-Miocän gehören dürften.

Foss. Verw. Sandberger stellt diese Art mit seiner untermiocänen Cl. (Triptychia) ulmensis zusammen, die sich, nach der Abbildung zu schliessen, ausser den von dem genannten Forscher hervorgehobenen Kennzeichen, auch noch durch den am Sinulus losgelösten Mundsaum von Cl. (Triptychia) grandis leicht unterscheidet. — Von Triptychia-Formen, die mir zur Vergleichung zu Gebote stehen, nähern sich unserer Art am meisten die obermiocäne Cl. (Triptychia) bacillifera Sbg. von Undorf und die mittelmiocäne suturalis Sbg. von Steinheim. Wie schon Sandberger a. a. O., S. 598 auseinandergesetzt hat, ist bacillifera durch die tief S förmige Einbiegung des Oberrandes und die mit Ausnahme des Spindelrandes stärker verdickten und umgeschlagenen Ränder gut charakterisiert. Ich kann noch hinzufügen, dass auch die Sculptur, die Grösse und vor allem die Form des Sinulus gute Unterscheidungsmerkmale bieten. Bei bacillifera laufen die Mundränder oben regelmässig in einander und bilden so den Sinulus, während sie bei grandis ziemlich breit getrennt und nur durch eine ganz dünne, an die letzte Windung angeklebte Schwiele verbunden sind. Noch ähnlicher in der Form der Mündung ist aber die kleinere, durch die viel feinere Sculptur ihrer oberen Windungen ausgezeichnete Cl. (Triptychia) suturalis Sbg. Hier sind die abweichende Gestalt des Sinulus, die geradere Stellung der Unterlamelle und die bis an den Rand laufende Subcolumellarlamelle Hauptunterscheidungsmerkmale.

Leb. Verw. Existieren nicht.

*†† 16) Clausilia (Triptychia) recticosta n. sp.

(Taf. I., Fig. 15 a—c.).

Es liegen nur zwei Bruchstücke von zusammen 9 bis 10 Windungen vor. Dieselben lassen auf eine an ihrem Oberende rein kegelförmige Art mit etwas ausgezogenem, spitzem Gewinde schliessen, deren sehr allmählich an Breite zunehmende, fast ebene Windungen mit ziemlich zahlreichen, auffallend geradlinigen, fadenförmigen Querrippen bedeckt sind.

Grösse. Höhe des Bruchstückes Fig. 15 a = 10 mm. bei 6 mm. grösster Breite; Höhe der Spitze Fig. 15 c = 3,8 mm. bei 2,8 mm. grösster Breite.

Fundort. Diese äusserst seltene Art wurde erst in der neuesten Zeit von Herrn Kaufmann Carl Jung in Frankfurt a. M. im untermiocänen Landschneckenkalk von Hochheim, in Schichten zusammen mit Hydrobia aturensis Noul., Claus. (Canalicia) articulata Sbg. und kleinen Wirbelthierknochen, entdeckt und mir zur Publication mitgetheilt.

Foss. Verw. Nach ihrer sehr charakteristischen Gestalt gehört diese Art unzweifelhaft zur Section Triptychia. Sie ist von den bis jetzt bekannten Formen dieser Sippe durch die Art der Sculptur specifisch verschieden, indem die ihr am nächsten stehende Cl. (Triptychia) bacillifera Sbg. (vergl. unten) aus dem Ober-Miocän von Undorf bei Regensburg (Taf. I., Fig. 16 und 17) sich leicht durch flachere und stärker gebogene Querrippchen unterscheiden lässt.

†† 17) Clausilia (Triptychia) bacillifera Sandberger.

(Taf. I., Fig. 16 a—c und 17).

Sandberger, Vorwelt S. 598.

Char. Testa ventrioso-fusiformis, superne sensim attenuata, apice modice incrassato, acuto, basi late rimata. Anfractus 15 diversiformes; 3 initiales laeves et parum convexi, caeteri fere plani, suturis crenulatis disjuncti, costis transversalibus fere strictis, aequidistantibus, bacilliformibus, deorsum applanatis saepiusque bifidis, denique magis magisque numero auctis angustioribus et contentis ornati, ultimus satis convexus ¼ omnis altitudinis aequans. Apertura magna, elongata, oblique-ficiformis, sinulo maximo erecto, marginibus incrassatis, reflexis, nitidis, supero soluto, protracto, valde modo literae S sinuato, sinistro intus haud labiato, leviter arcuato. Paries lamella forti, obliqua, profunde intrante, e supera et spirali composita, infera valde contorta et subcolumellari parum minore extus subparallelis a margine externo recedentibus instructa. Plica principalis, palatales lunellaque deficientes.

Die ziemlich grosse Schale ist bauchig-spindelförmig mit allmählich ausgezogenem und nach oben mässig verdicktem Gewinde, aber ziemlich spitzem obersten Ende und breitem Nabelritz an der Grundfläche. Die ersten 3 von den 15 vorhandenen Umgängen sind glatt und wenig gewölbt, dann folgen 10 oder 11 fast ebene Windungen, welche unterhalb der gekerbten Nähte mit fast geraden, starken, stabförmigen Rippen verziert sind, die durch ebenso breite Furchen getrennt werden. Auf den beiden letzten Umgängen sind diese Rippen etwas abgeflacht und besonders in der Mitte weniger deutlich sichtbar und aus Bündeln feinerer Anwachsrippchen zusammengesetzt, schiesslich gegen die Mündung hin feiner, mehr zusammengerückt und weniger deutlich zu erkennen. Der letzte Umgang ist ziemlich stark gewölbt und erreicht etwa den vierten Theil der Gesammthöhe des Gehäuses. Die Mündung erscheint verhaltnissmässig etwas gross, schief stehend, in die Länge gezogen, schief feigenförmig und zeigt einen abnorm grossen, gerade in die Höhe steigenden, lanzettförmigen Sinulus. Ihre in einander laufenden, glänzenden Ränder sind überall stark fadenförmig verdickt und deutlich umgeschlagen, der obere ganz frei, stark vorgezogen und in weitem S förmigem Bogen sich von dem letzten Umgang loslösend, der linke sanft gerundet, ohne Spur einer inneren Lippe. Auf der Mündungswand ragt eine schiefe (nicht wie bei Cl. (Triptychia) suturalis fast horizontale), nicht ganz bis an den Aussenrand vortretende, aus der Verschmelzung von Ober- und Spirallamelle hervorgehende, daher weit nach innen fortsetzende, kräftige Falte hervor; die winklig gebogene untere und die nur wenig kleinere Subcolumellarlamelle steigen einander parallel nach unten und aussen herab, ohne den Aussenrand ganz zu erreichen. Principalfalte, Gaumenfalten und eine wahre Mondfalte fehlen wie bei der ganzen Section.

Grösse. Alt. 28 mm., lat. 7.7 mm. Alt. apert. 8.5 mm., lat. apert. 5 mm.

Noch einer auffallenden Eigenthümlichkeit muss ich bei dieser Art Erwähnung thun. Ein jüngeres, oben und unten zerbrochenes Exemplar von bacillifera, das ich in Taf. I., Fig. 17 habe abbilden lassen, zeigt, nach seiner Grösse zu urtheilen, in etwa dem sechsten Umgang gerade in der Mitte einen starken schwieligen Langshöcker. Da ich diese Andeutung einer Mondfalte aber — so muss nämlich dieser Callus nach Analogie eines ganz ähnlichen Vorkommens bei der gleich zu erwähnenden Cl. (Triptychia) vulgata Rss. genannt werden — an zahlreichen Stücken von derselben Grösse, die ich daraufhin untersuchte, nicht angetroffen habe, so kann ich dieselbe nur für individuell halten. Immerhin hat jedoch das Auftreten dieser Langsschwiele in so frühem Alter sein interessantes und zeigt uns bei dieser Art wenigstens die Tendenz zu einem theilweisen Verschluss der Mundöffnung, wie es, in stärkerem Massstabe und als Regel, die einzige mit einer — wenn auch tiefer als gewöhnlich liegenden — Mondfalte ausgerüstete Species dieser Section, nämlich die genannte vulgata aus Nordböhmen zeigt. Zugleich erlauben uns diese beiden Beobachtungen aber auch einen Schluss auf den Werth solcher rudimentären oder obsoleten Falten bei anderen lebenden und fossilen Clausilien für die Eintheilung in Sectionen oder Untergattungen zu ziehen, indem sie uns beweisen, dass das Auftreten oder Fehlen einer Mondfalte bei engverwandten Arten vorkommen kann und dergleichen Charaktere demnach sicher nicht als einziges oder oberstes Eintheilungsprincip in dieser formenreichen Gattung angenommen werden dürfen.

Fundort. Die im obermiocänen Braunkohlenthon von Undorf bei Regensburg in Gesellschaft noch dreier kleinerer Clausilienarten vorkommende Species lernte ich zuerst in Bruchstücken kennen, die Herr Apotheker E. Hassencamp in Fulda an das Senckenbergische Museum eingesendet hatte. In schöner Auswahl erhielt ich sie aber erst durch Herrn S. Clessin in Regensburg zum Geschenk, doch immer noch nicht in ganz unverletzten Exemplaren. Unsere Abbildung Taf. I., Fig. 16a—e ist eine aus drei gut passenden Bruchstücken zusammengestellte ideale Zeichnung, die vielleicht in Wirklichkeit ein klein wenig langer spindelförmig sein dürfte, jedenfalls aber der Wahrheit sehr nahe kommt.

Foss. Verw. Von den übrigen Arten der Section Triptychia nähert sich bacillifera in der Sculptur am meisten meiner leider noch unvollständig bekannten, aber bedeutend älteren recticosta von Hochheim. Die Unterschiede beider Species sind bei dieser besprochen worden. Cl. (Triptychia) suturalis Sbg. und grandis Klein sind abgesehen von der Sculptur leicht durch die bei ihnen fast horizontal gestellte Oberlamelle zu unterscheiden. Auch ist die Bildung des bei unserer Species auffallend vorgezogenen rechten oberen Mundsaums bei beiden genannten Arten eine wesentlich andere.

Leb. Verw. Fehlen.

c. Gruppe der vulgata Rss. (Plioptychia m.).

*†† 18) Clausilia (Triptychia) vulgata Reuss.

Palaeontograph. Bd. II. S. 31, Taf. IV. Fig. 1; Sitz. Ber. d. K. Acad. d. Wiss. zu Wien. Bd. XLII. S. 74, Taf. II. Fig. 10; Boettger. Jahrb. d. K. geol. Reichanst., Bd. XX. S. 292; Sandberger. Vorwelt S. 134, Taf. XXIV. Fig. 13—13b; Pfeiffer. Monogr. Helic. viv., Bd. VIII., 1877. S. 519.

Die Charakteristik und Beschreibung dieser Art gibt Sandberger an genanntem Ort sehr genau und ausführlich, doch ist zu bemerken, dass die von mir zuerst erwähnte obere Gaumenfalte nur ein ganz schwaches callöses Rudiment einer ausserordentlich tief in der Mündung dicht unter der Naht gerade über der Mondfalte gelegenen plica suturalis ist, und dass ebenso die an ganz anderer Stelle als gewöhnlich — an wechselnder Stelle, aber wenigstens tiefer als volle anderthalb Umgänge von der Mündung an gerechnet — liegende ╲ förmige Mondfalte, die in einem Fall ⊂ gebildet erscheint, kaum die Bedeutung einer ächten Lamelle haben kann, da der Section ja, wie wir schon mehrfach gehört haben, das Schliessknöchelchen gänzlich abgeht.

Grösse. Alt. 18,5 mm., lat. 4,5 mm. Alt. apert. 4,5 mm., lat. apert. 2,5 mm.

Die Form der Schale, die Sculptur, die Gestalt der Mündung und die Stellung der drei Lamellen von Cl. vulgata stimmt vollkommen mit den bei der Section Triptychia gewöhnlichen, in welcher diese Art die kleinste mir bekannte Form darstellt. Trotz der grossen Zahl von Exemplaren, die mir im Laufe der Jahre von Tuchoritz, Kolosoruk und Grosslipen durch die Hände gegangen ist, konnte ich niemals eine Spur von einem Clausilium finden, und ich glaube mit Sicherheit sagen zu dürfen, dass auch dieser Species, wie den grösseren Arten der Section, ein solches abgeht.

In höchstem Grad interessant ist nun bei vulgata trotzdem das Vorkommen eines der Mondfalte analogen erhabenen Wulstes tief im Innern des Gehäuses; aber das Auffallende dieser Erscheinung, die ich an fünf mir vorliegenden zerbrochenen Exemplaren constatieren kann, wird abgeschwächt durch die analoge Beobachtung bei Cl. (Triptychia) bacillifera Sbg., welche, wie oben bereits ausführlich erwähnt, gelegentlich einen ähnlichen, wenn auch mehr in die Längsrichtung der Windung fallenden, gaumenfaltenartigen Wulst an derselben Stelle, aber in einem noch jugendlicheren Umgang zeigt.

Ist diese an so ungewöhnlichem Orte beginnende Mondfalte der Anlass zur Bildung eines Clausiliums bei einer etwa von den Triptychien abstammenden neueren Clausiliensection geworden, oder ist hier das Schliessknöchelchen als unnütz oder entbehrlich früher schon verkümmert, und dieser Wulst gewissermassen als Ersatz für dasselbe aufgetreten? Ich für mein Theil glaube das erstere. Es sind das aber Fragen, die sich leider bei unserer jetzigen beschränkten Kenntniss der Aufeinanderfolge und der Blutsverwandtschaft der fossilen Triptychien und der lebenden Baleen und ächten Clausilien noch nicht mit Sicherheit beantworten lassen. Es scheint mir nach alledem das wahrscheinlichste, dass dieser mondfaltenartige Callus in der That bei einzelnen Arten (Plioptychia) die Veranlassung zur Bildung einer ächten Mondfalte und eines Clausiliums geworden ist, während bei anderen Arten (Eutriptychia) ein davon wesentlich abweichender Weg der Selbsterhaltung eingeschlagen wurde, nämlich der, allmählich grössere Gehäuse zu verfertigen, indem so die Körpermasse und die Gehäusedicke — unterstützt wahrscheinlich durch die Nähe des damaligen Miocän- und Pliocän-Meeres — die zeitlich jüngeren Arten vor dem Austrocknen schützte. Die Thatsachen stehen mit diesen erklärenden Ausführungen sehr gut im Einklange, da wir ja auch sehen, dass die jüngsten und grössten Arten der Section (Gruppe der Terveri Mich.) sogar nach allmählicher Rückbildung der Ober- und Spirallamelle der sie bedrängenden Wasserentziehung durch trockene Luftströmungen noch längere Zeit zu trotzen im Stande gewesen sind, freilich bei weitem nicht so lange, wie die aus der erstgenannten Gruppe entstandene vollkommener organisierte Nachkommenschaft der vulgata mit ihrem durch die Mondfalte und später durch das Clausilium bewerkstelligten weit festeren und vor plötzlicher Austrocknung sicher stellenden Verschluss.

Sect. IV. Alopia H. et A. Adams.

Albers' Heliceen, II. Ausg., Leipzig 1860, S. 272.

Diese einerseits den Uebergang zur Gruppe Balea Prid. vermittelnde, andererseits zu Marpessa Mollendorff überleitende Section ist fossil bis jetzt nicht nachgewiesen worden. Claus. crenata Sdg. (Vorwelt S. 231, Taf. XIII, Fig. 19 und 19a) aus dem Ober-Eocän von Buxweiler, neben der gelegentlich rechtsgewundenen Cl. (Triptychia) helvetica K. Mayer die einzige bekannte fossile Art, welche rechts gewunden ist, scheint mir eher Beziehungen zur Section Albinaria v. Vest als zu Alopia zu zeigen.

Für mich ist der Streit zwischen den entgegengesetzten Ansichten von A. Schmidt einerseits und von Bielz und v. Vest andererseits über die Stellung der siebenbürgischen Baleo-Clausilien nach unpartheiischer Prüfung entschieden: ich stelle mich aus gleich zu erwähnenden Gründen ohne Bedenken auf A. Schmidt's Seite. Mein Material an lebenden Alopien ist freilich sehr klein. Ich kann demnach thatsächlich zur Aufklärung der Sache wenig beitragen: es wäre denn der Nachweis, dass von meinen Stücken von livida Mke. mehr als die Hälfte deutliche Längsknötchen an Stelle der zweiten und vierten Gaumenfalte zeigen, und die Beobachtung, dass Cl. pomatias Pfr. (= Balea cyclostoma Bielz) neben den drei Lamellen die Spirallamelle, die Principalfalte und eine schwache obere Gaumenfalte besitzt, also eine ganz unzweifelhafte Clausilie — aber ohne Clausilium — ist. Clausiliumrudiment und Spirallamelle habe ich bei meinen Exemplaren von livida allerdings nicht entdecken können. A. Schmidt ist aber ein zu gewissenhafter und zuverlässiger Beobachter, als dass man annehmen dürfte, er habe in diesem Falle nicht richtig gesehen. Es wäre doch gar zu sonderbar und unerklärlich, dass ein Forscher, der nach einem glatten System strebt und darüber ein Buch schreibt, sich Steine in den Weg legen sollte und absichtlich so quere Geschichten einflickt, wie die Einreihung der Baleen unter die Clausilien, wenn sein Stoff ihn nicht dazu gezwungen hatte. Meine Beobachtungen an den fossilen Arten lassen keine Zweifel mehr an der Richtigkeit der Schmidt'schen Ansichten aufkommen. Dass das Fehlen des Schliessknöchelchens bei sonst vollkommen clausilienähnlichem Habitus überhaupt nichts ungewöhnliches ist, ergibt sich nämlich schon aus Küster's alter Beobachtung an der lebenden Cl. unidentata K. (Martini-Chemnitz, Schliessschnecken, Nürnberg 1847. S. 322) und an den mit allen drei Lamellen, ja gelegentlich sogar mit Suturalfalte und Mondfaltenrudiment ausgerüsteten fossilen Triptychien, denen das Clausilium in gleicher Weise constant fehlt. Entwicklungsgeschichtlich ist es aber bei dem Reichthum baleaartiger Formen der Vorzeit und der grossen Seltenheit des Auftretens ächter Mondfalten bei den damaligen clausiliumführenden Clausilien mehr als wahrscheinlich, dass sämmtliche lebenden ächten Clausilia-Formen umgewandelte Balea-Formen sind, ja dass dieser Process bei Alopia noch in reger Fortbildung ist. Ich glaube demgemäss auch, dass das nur hie und da bei Cl. livida Mke. vorkommende Clausilium als werdendes Organ aufgefasst werden muss, und dass wir es also durchaus nicht etwa mit einem Rückschlag, einem Atavismus zu thun haben. Für diese Anschauung spricht noch, dass die Rudimente von Gaumenfalten nur an besonders stark entwickelten Exemplaren und die beginnende Spirallamelle, Subcolumellarlamelle und das Clausiliumstielchen von A. Schmidt notorisch bei kolossal grossen Stücken der livida aufgefunden wurden. Dass Schmidt nicht, wie v. Vest behauptet, Cl. livida mit straminicollis verwechselt haben kann, ergibt seine klare Auseinandersetzung der Unterschiede beider Arten (System d. europ. Clausilien. S. 20 u. f.).

Indem ich nun die Baleo-Clausilien, da mir der interessante und wichtige Streit endgiltig entschieden zu scheint, wieder bei ihren Verwandten mit Clausilium einreihe, gruppiere ich die bis jetzt bekannten Arten dieser Section nahezu übereinstimmend mit A. Schmidt folgendermassen:

a. Gruppe der Guicciardii Heldr. (Attica m.) Apparatus claustralis recedens. Apertura perlonga, rhomboideo-piriformis.

* Guicciardii Heldr. Attica.

b. Gruppe der livida Mke. (Alopia sens. str.) Apparatus claustralis dorsalis. Apertura plus minus circularis aut ovalis.

* Haueri Bielz. Siebenbürgen.
glauca Bielz. Siebenbürgen.
var. latens Friv. Siebenbürgen.
var. striolata Bielz. Siebenbürgen.
var. major A. Schmidt. Siebenbürgen.
lactea Bielz. Siebenbürgen.
glorifica Parr. Siebenbürgen.
* livida Mke. Siebenbürgen.
* var. minor A. Schm. Siebenbürgen.
* var. baleaeformis A. Schm. Siebenbürgen.
var. clausiliaeformis A. Schm. Siebenbürgen.
* pomatias Pfr. (= cyclostoma Blz.) Siebenbürgen.
* canescens Parr. Siebenbürgen.
var. glabriuscula A. Schm. Siebenbürgen.

elegans Bielz. Siebenbürgen.
* var. cerasina A. Schm. Siebenbürgen.
var. intercedens A. Schm. Siebenbürgen.
* regalis Parr. Siebenbürgen.
* straminicollis Parr. Siebenbürgen.
var. elatior A. Schm. Siebenbürgen.
* var. minor A. Schm. Siebenbürgen.
var. subcosticollis A. Schm. Siebenbürgen.
* plumbea Rssm. Siebenbürgen.
* var. pallida A. Schm. Siebenbürgen.
angustata Bielz. Siebenbürgen.
* Fussiana Bielz. Siebenbürgen.
* Lischkeana Parr. Siebenbürgen.
var. cornea A. Schm. Siebenbürgen.
var. livens Bielz. Siebenbürgen.
* Meschendörferi Bielz. Siebenbürgen.
* madensis Fuss. Siebenbürgen
* Bielzi Parr. Siebenbürgen.
clathrata Friv. Siebenbürgen
* bogatensis Bielz. Siebenbürgen.

†† Sect. V. Eualopia m.

Char. Plica principalis mediocris; plicae palatales inferae paucae, validae, conspicuae; lunella nulla. Lamella spiralis obsoleta continua aut omnino deficiens. Lamella supera a margine recedens, infera retro curvata, subcolumellaris conspicua, sed haud emersa. Apertura plus minus ovalis, late labiata, margines callo juncti, reflexi. Testa grandis, ventriosa, apice obtuso, haud decollato, laevis aut striata.

Die Principalfalte mässig lang, ähnlich der einen sehr starken und den gelegentlich noch darunter stehenden 1—2 weiteren unteren Gaumenfalten vorn in der Mündung sichtbar; Mondfalte fehlend. Spirallamelle nur schwach entwickelt und dann mit der Oberlamelle verbunden oder ganz fehlend. Oberlamelle nicht randständig, Unterlamelle stark rückwärts gekrümmt, Subcolumellarlamelle mehr oder weniger sichtbar, aber nicht vortretend. Mündung im allgemeinen oval, breit gelippt, ihre Ränder durch eine flache Schwiele verbunden, sonst überall zurückgeschlagen. Gehäuse sehr gross, bauchig, mit stumpfer, aber nicht decollierender Spitze, glatt oder fein gestreift.

Diese hochinteressante fossile Gruppe verbindet naturgemäss die Section Alopia mit Triloba v. Vest. Es lassen sich ausser der Grösse, der geringeren Zahl der Gaumenfalten und der etwas abweichenden Gehäuseform nur untergeordnete Unterschiede von Alopia geben; einer der wichtigsten ist die fehlende oder — wenn vorhanden — durchlaufende Spirallamelle. Besonders an Claus. (Alopia) bogatensis Bielz dürfte sich diese Section in Stellung und Form der Lamellen glatt anschliessen lassen. Das Clausilium ist leider noch nicht bekannt, aber der starken und weit in die Mündung verlaufenden unteren Gaumenfalte wegen muss dasselbe — wenn überhaupt vorhanden — tief ausgeschnitten gewesen sein. Interessant ist auch die überraschend grosse habituelle Aehnlichkeit der hiehergehörigen Arten mit den grossen Formen aus der Gruppe Megalophaedusa (Claus. yokohamensis Crosse u. a. aus Japan), die aber der fehlenden starken unteren Gaumenfalte und des infolge dessen nicht ausgerandeten Clausiliums wegen dieser Section keineswegs direct angereiht werden können. Eualopia ist möglicherweise die Balea-Form von Phaedusa.

Lebend ist die Gruppe, wie bereits bemerkt, unbekannt. Von fossilen Arten rechne ich zu derselben folgende 4 tertiäre Species, die sich nur durch kleine Unterschiede von einander trennen und ähnlich wie manche Formen der Section Medora H. & A. Adams möglicherweise nur Lokalrassen eines Typus darstellen:

*†† plionecton n. sp. Mittel-Miocän. Birgel bei Offenbach.
*†† bulimoides A. Br. Mittel-Miocän. Mainzer Becken.
  *†† var. triptyx m. Mittel-Miocän. Mainzer Becken.
*†† moguntina n. sp. Mittel-Miocän. Mainz.
*†† eckingensis Sbg. Unter-Miocän. Schwaben.

Hier die Beobachtungen an den schon früher bekannten und die Beschreibung der neuen Arten dieser Section:

*†† 19) Clausilia (Eualopia) plionecton n. sp.
(Taf. II. Fig. 18).

Die verhältnissmässig grosse und kräftige Art ist bis jetzt nur in Steinkernen erhalten, die sich von denen der verwandten Species — also namentlich von Cl. (Eualopia) bulimoides A. Br. — durch etwas bedeutendere Grösse und die Stellung und Zahl der Gaumenfalten unterscheiden. Das hintere Ende der der Naht parallelen Principalfalte ist nämlich von dem Hinterende der unteren Gaumenfalte nur 2 mm. entfernt, während die gleiche Distanz bei der kleineren bulimoides 3 mm. beträgt. Zwischen unterer Gaumenfalte und Subcolumellarlamelle stehen ausserdem bei plionecton noch 2 kleine, aber kräftige Fältchen, die obere 2 mm. von der genannten unteren Gaumenfalte, die untere wieder 1 mm. von dieser abstehend, die beide den übrigen Arten der Section fehlen. Nur meine Varietät triptyx von bulimoides zeigt dicht unter der Subcolumellarlamelle etwas ähnliches, nämlich ein weiteres unteres Gaumenfältchen.

Grösse. Höhe des oben und unten schwach beschädigten Steinkerns 34,5 mm.; grösste Breite desselben 11,5 mm.

Fundort. Die Art kommt nicht selten im mittelmiocänen Hydrobienkalk von Bieber (Birgel) bei Offenbach a. M. vor. Sie wurde bisher und so auch von Sandberger (Conchyl. d. Mainz. Tert.-Beck., S. 62) für bulimoides A. Braun gehalten, doch dürften die oben hervorgehobenen Unterschiede genügen, beide Formen artlich auseinanderzuhalten.

*†† 20) Clausilia (Eualopia) bulimoides A. Braun.
(Taf. II. Fig. 19).

A. Braun, Verhandl. d. Naturf. Vers. in Mainz 1842, S. 149; Thomae, Nass. Jahrb., Bd. II. S. 149, Taf. IV. Fig. 6; Sandberger, Conchyl. d. Mainz. Tert.-Beck., S. 62, Taf. V. Fig. 20—20c (Cl. bulimiformis); Vorwelt, S. 501, Taf. XXV. Fig. 22 und 22a.

Zu der Sandberger'schen Charakteristik habe ich nur hinzuzufügen, dass, wie es scheint, nicht selten im Hydrobienkalk zu Wiesbaden und im Steinbruch zu Bad Weilbach Stücke vorkommen, welche ausser der grossen, vorn deutlich sichtbaren unteren Gaumenfalte noch eine weitere kleinere untere Gaumenfalte erkennen lassen, welche der Subcolumellarlamelle sehr nahe gerückt ist. Diese var. triptyx m. leitet zu der oben erwähnten pliomerton über, die sich nach dem Auffinden vollständigerer Exemplare vielleicht ebenfalls als eine Lokalrasse von bulimoides herausstellen wird. Immerhin ist aber das Auftreten zweier unterer Gaumenfältchen an einer Stelle, wo sich die Spitze des Clausiliums anlehnt, beachtenswerth. Gewöhnlich zeigt sich bei lebenden Arten das Schliessknöchelchen in solchen Fällen in irgend einer Weise modificiert. Wenn ich auch annehmen darf, dass beide genannten Formen in sehr nahem Verwandtschaftsverhältniss zu einander stehen, so spricht sich doch in der Abweichung in Zahl und Stellung der Gaumenfalten eine bestimmte Tendenz zur Weiterentwicklung aus, auf die aufmerksam zu machen ich nicht verfehlen wollte. Welche von beiden Arten die altere Form ist, bleibt vorläufig unentschieden, da das geologische Alter beider annähernd gleich sein dürfte.

Fundort. Diese von Sandberger von Wiesbaden (meine und Dr. Carl Koch's Sammlung) und Cronthal in Nassau, sowie von Oppenheim in Rheinhessen (Friedr. Baader's Sammlung)*) aus dem mittelmiocänen Hydrobienkalk angeführte Art fand sich ausserdem in der var. triptyx m. noch in unvollständigen Stücken und Mündungstheilen im Hydrobienkalk des Steinbruches von Bad Weilbach (meine und Carl Jung's Sammlung). Dieselbe Varietät besitzt Herr Dr. Koch in einem schönen Exemplar auch von Wiesbaden. Ein prächtiger, wahrscheinlich von Wiesbaden stammender Gypsabguss eines ganz vollständigen Stückes liegt auch im Bonner Museum (Prof. Troschel).

Leb. Verw. Durch das Verhalten der Gaumenfalten, das gänzliche Fehlen einer Spirallamelle, der Mondfalte und der Suturalen über der Principalfalte bei unserer Art ist ein näherer Vergleich derselben mit Cl. (Medora) almissana K. und macarana Z. aus Dalmatien, mit denen Sandberger sie zusammenstellt, ausgeschlossen. Und doch hat Sandberger nicht so Unrecht, auf die allgemeine Aehnlichkeit beider hinzuweisen. Wir haben es eben hier wieder mit Formen zu thun, die — wie wir es bei Constricta im Vergleich zu Cristataria, Pseudidyla im Vergleich zu Idyla u. a. Sectionen noch öfters sehen werden — einer lebenden Gruppe zwar sehr nahe stehen, sich aber vor allem durch den Mangel einer Mondfalte bestimmt unterscheiden. Auch die Section Megalophaedusa mit ihren im Habitus überaus ähnlichen Arten Cl. Martensi Herkl. und yokohamensis Crosse von Japan ist durch die nach hinten gegabelte Unterlamelle, das Fehlen starker unterer Gaumenfalten und die kräftige durchlaufende Spirallamelle bestimmt verschieden. Ich glaube aber nach eingehender Prüfung aller einschlägigen Verhältnisse nicht irre zu gehen, wenn ich die ja auch im Aeusseren den Medoren ähnliche Claus. (Triloba) macedonica Rssm. aus Macedonien und die in der Totalform unserer Art ähnliche Claus. (Triloba) Sandrii K. aus Montenegro als die nächstverwandten lebenden Species bezeichne, welche aber beide durch das Auftreten mittlerer Gaumenfalten abweichen. Andererseits ist, wie bereits in der Charakteristik der Section hervorgehoben wurde, eine sehr nahe Beziehung zur Section Alopia nicht zu verkennen, welche sich aber ebenfalls durch das Auftreten mittlerer Gaumenfalten, die — wenn vorhanden — getrennte Spirallamelle und die viel geringere Grösse neben anderen mehr untergeordneten Dingen von ihr entfernt. Jedenfalls aber scheint es mir nach diesem Befund gerechtfertigt, unsere Section Emalopia als natürliches Verbindungsglied zwischen die bis jetzt nur lebend bekannten Sectionen Alopia und Triloba einzuschalten.

*) Der Fundort Bürgel bei Offenbach bezieht sich auf die vorhergehende Art.

Foss. Verw. Die Unterschiede der Art von den drei anderen nahe verwandten Formen der Gruppe sollen bei diesen besprochen werden.

*†† 21) Clausilia (Eualopia) moguntina n. sp.
(Taf. II. Fig. 20 a und b.)

Char. Testa peraffinis Cl. bulimoidi A. Braun, sed anfractu penultimo ventriosiore, ultimo latiore. Apertura obliqua, rotundato-rhomboidea, lata, marginibus callo lato junctis, peristoma undique valde expansum, plane labiatum, margine externo superne sine nodulo, subrecto. Lamellae marginem non attingentes, supera minima, tenuis, subrecta, cum lamella spirali debili nec non perlonga continua, infera valida, funiformis, antice subfurcata, subcolumellaris valida, laminae angularis instar emergens, subtus truncata. Plica palatalis infera unica principalisque ut in Cl. bulimoidi. Testa regulariter striata.

Diese schöne Art ist nahe verwandt der Cl. bulimoides A. Br. (Sandberger, Vorwelt S. 501, Taf. XXV, Fig. 22 und 22 a) aus dem mittelmiocänen Hydrobienkalk des Mainzer Beckens und zeichnet sich im Aeusseren bei nahezu gleicher Grösse nur durch etwas tieferen Nabelritz, bauchigere Form, insbesondere des vorletzten Umgangs, und die relativ breitere letzte Windung, sowie die Form und Falten der Mündung aus. Die Mundöffnung steht nämlich etwas schief, ist querrhombisch mit verrundeten Ecken, fast so breit wie hoch, die Ränder sind durch einen breiten Callus verbunden, das überall ausgebreitete Peristom ist mit auffallend breiter, aber flacher Lippe belegt, der äussere Mundrand innen fast geradlinig, oben ohne Knoten. Die Lamellen erreichen nirgend den Rand, die obere ist verhältnissmässig sehr klein, schmal, mit der sehr niedrigen und in ihrem Ende im Innern der Mündung noch sichtbaren Spirallamelle verschmolzen, die untere kräftig, als horizontale, nach hinten geschwungene, stark tauartig erhabene, vorn undeutlich gegabelte und infolgedessen auf ihrer Unterseite etwas knotenförmig verdickte Falte mit dem Lippenrand verschmelzend. Die Subcolumellarlamelle ist sehr abweichend gegen die der beiden vorhergehenden Species gebildet, eine breite, viereckige, unten breit abgestutzte Platte darstellend, die in Form und Lage an die Unterlamelle in verkleinertem Maassstabe erinnert. Principalfalte und die einzige Gaumenfalte zeigen eine ähnliche Stellung wie bei dem Typus von bulimoides A. Braun.

Grösse. Alt. 36 mm., lat. $11\frac{1}{2}$ mm. Alt. apert. $10\frac{1}{2}$ mm., lat. apert. 10 mm.

Fundort. Das einzige bis jetzt bekannte Stück von wahrhaft wunderbarer Erhaltung, dem schon bei der Ablagerung das Clausilium gefehlt haben muss — die inneren Windungen waren mit lose liegenden Exemplaren von Hydrobia ventrosa Mont. sp. ausgefüllt —, wurde in neuester Zeit von Herrn Landesgeologen Dr. Carl Koch im mittelmiocänen oberen Hydrobienkalk am Hauptstein bei Mainz gefunden und mir bereitwilligst zur Untersuchung und Publication anvertraut.

Foss. und leb. Verw. Bei der Aehnlichkeit mit der vorhergehenden Art bezieht sich alles, was über Verwandtschaft mit lebenden Formen daselbst gesagt worden ist, auch auf diese Form. Die nahen Beziehungen zu der folgenden Art sollen bei dieser besprochen werden.

*†† 22) Clausilia (Eualopia) eckingensis Sandberger.
(Taf. II. Fig. 21 a—d).
Sandberger, Vorwelt S. 462.

Char. Testa peraffinis Cl. moguntinae m., sed paene laevis, striis transversalibus modo aperturam versus subtilibus ornata, anfractu ultimo circiter $\frac{1}{3}$ omnis altitudinis aequante. Apertura subcircularis, ampla, marginibus callo tenui junctis, undique expansis, reflexis. Lamellae parvae, marginem non attingentes, supera extus subrecta, infera remota, appressa, oblique descendens, antice excavata, **non furcata**, subcolumellaris haud emersa. Plica principalis palatalisque ut in caeteris; lunella nulla.

Diese Art ist sehr nahe verwandt der eben beschriebenen Cl. **moguntina** n. sp. aus dem mittelmiocänen Hydrobienkalk des Mainzer Beckens und hat mit ihr gleiche Form und Grösse, zeigt aber folgende Besonderheiten: Die Schale ist fast glatt zu nennen, und die äusserst feinen Querstreifchen sind nur auf dem letzten, ungefähr ein Drittel der Schalenhöhe betragenden Umgang deutlicher. Die Mündung ist **fast kreisförmig**, geräumig, mit oben getrennten und nur durch eine dünne Schwiele verbundenen, sonst aber überall ausgebreiteten Rändern, die aber weit weniger flach erscheinen als bei der vorigen Art. Die verhältnissmässig kleinen Mündungslamellen reichen nicht bis an den Mundsaum, die obere steht fast vertical, die untere ist angedrückt, schief aus der Tiefe herabsteigend, vorn deutlich ausgehöhlt und einfach, **ohne Neigung zur Gabelung** und ohne knotenförmige Verdickung auf der Unterseite, die Subcolumellarlamelle tiefliegend, anscheinend nicht so entwickelt wie bei der vorhergehenden Species. Principalfalte und Gaumenfalte scheinen sich wie bei den übrigen Arten der Section zu verhalten; eine Mondfalte fehlt.

Sandberger giebt a. a. O. eine Charakteristik dieser Art, die bis auf den Umstand, dass die Oberlamelle weit nach rechts liegen soll, was ein Versehen sein dürfte, durchaus treffend genannt werden darf.

Grösse. Alt. 32—38 mm., lat. 11—11½ mm. Alt. apert. 10½ mm., lat. apert. 9½ mm.

Fundort. Im Unter-Miocän von Eckingen in Württemberg. Sandberger bemerkt ausserdem, dass höchstwahrscheinlich zu dieser Art auch Stücke gehören dürften, welche mit Cl. (Triptychia) Escheri K. Mayer zusammen im Staufener Tunnel im Algäu angetroffen wurden. Meine drei Exemplare stammen von dem typischen Fundort; ich verdanke sie der Liberalität des Herrn Apotheker Wetzler in Günzburg a. d. Donau.

Foss. und leb. Verw. Sandberger macht mit Recht auf die nahe Verwandtschaft dieser Art mit der oben erwähnten Cl. bulimoides A. Braun von Wiesbaden aufmerksam und sagt dann a. a. O., S. 462 weiter, dass Cl. eckingensis höchst wahrscheinlich mit den grossen japanischen Arten Cl. Martensi Herkl. und yokohamensis Crosse verwandt sei. Das letztere habe ich schon bei Besprechung der Section erledigt, das erstere wird dadurch modificiert, dass seitdem eine noch ähnlichere Form, Cl. moguntina m., aufgefunden worden ist, die zwar nach der oben gegebenen Charakteristik nur wenig auffallende Unterschiede von der eben besprochenen Art erkennen lässt, beim Auffinden besserer Exemplare der eckingensis aber sicher noch weitere Unterschiede zeigen und sich wol als specifisch verschieden erweisen wird.

Sect. VI. Triloba von Vest.

v. Vest, Verhandl. u. Mittheil. d. Siebenbürg. Ver. f. Naturwiss., Bnd. XVIII., Hermannstadt 1867, S. 165. Fossil nicht bekannt. Ich trenne die Section in folgende zwei Gruppen:

a) Gruppe der Sandrii K. (Triloba sens. str.)

* Sandrii K. Montenegro, bis jetzt nur in todten Exemplaren gesammelt.

b) Gruppe der macedonica Rssm. (Macedonica m.) Mit dreilappigem, höchst eigenthümlichem Clausilium. Cl. macedonica ist von A. Schmidt sehr richtig in unmittelbare Nähe von Sandrii gebracht worden und v. Vest und Kobelt haben sich dieser Ansicht angeschlossen. Im Habitus an Medora erinnernd, hat die Art auch wieder enge Beziehungen zu Alopia und Marpessa.

* macedonica Rssm. Macedonien.

---

† Sect. VII. Marpessa m.

v. Möllendorff, Nachrichtsbl. d. deutsch. malakozool. Ges., 1874, S. 60 (Clausiliastra).

In der Begränzung dieser Section stimme ich ganz mit v. Möllendorff überein, scheide aber transiens Mlldff. als Untergruppe aus. Ich schlage folgende Anordnung der Arten vor:

a) Gruppe der transiens Möllendff. (Serbica m.) Ihr Clausilium nähert sich dem der Cl. (Triloba) macedonica Rssm. mehr als dem der Cl. (Herilla) dacica Friv. Ihr Formenkreis ist vielleicht als selbstständige Section zwischen Triloba und Marpessa sens. str. zu stellen.

* transiens Mlldff. Serbien.

b) Gruppe der laminata Mntg. (Marpessa sens. str.) Die Reihenfolge der Arten ist so gewählt, dass die mit dreitheiligem Clausilium versehenen Arten im Anschluss an die Section Triloba voranstehen; doch ist zu bemerken, dass diese Dreitheilung etwas ganz anderes ist als bei letzterer Sippe, indem hier der schmälere zwischen Subcolumellarlamelle und unterer Gaumenfalte gelegene Lappen, nicht das Blatt des Schliessknöchelchens nochmals ausgerandet erscheint.

* Marisi A. Schm. Siebenbürgen.
Parreyssi Z. Karpathen.
* var. cerata Rssm.*). Bukowina, Siebenbürgen, Illyrien.
* marginata Z. Siebenbürgen, Banat.
var. major Rossm.
auriformis Mouss. Bulgarien.
*† laminata Mntg. Europa, Smyrna.
* var. triloba m.**). Karst, croat. Militärgränze.
var. grandis A. Schm. Ungarn.
var. major A. Schm. Steiermark, Kärnthen, Krain, Banat.
var. granatina Z. Siebenbürgen.
var. alpestris Bielz. Siebenbürgen, Bosnien, Serbien.
var. virescens A. Schm. Mähren, Galizien.
var. nana Mlldff. Herzegowina.

*) Eine sehr wahrscheinlich hieher gehörige Form habe ich von Parreyss als translucida Z. Dalmatien erhalten.

) **Cl. laminata var. triloba m. Eine kleine, etwa 13—14 mm. lange, gelblich-hornfarbene Varietät mit weisser durchscheinender Gaumenwulst; die beiden unteren Gaumenfalten kräftig und in dieselbe verlaufend; das Clausilium deutlich dreilappig, indem der obere Zipfel sich durch einen nochmaligen scharfen Einschnitt nach innen in eine feine, scharfe, hakenförmig gebogene Spitze theilt. Die typische laminata zeigt an diesem Theil des Schliessknöchelchens blos eine mehr oder weniger deutliche Einkerbung. Corgnale in Krain, am Eingang der dortigen Grotte und Brinj an der croatischen Militärgränze. Von Herrn Prof. Fr. Erjavec in Görz erhalten. — Es ist dies dieselbe Art, welche Erjavec in seiner neuesten meisterhaften Arbeit „Malakozool. Verhältnisse der Grafschaft Görz, Görz 1877, S. 46“ als Cl. polita? Parr. von der Grotte Malanisca und der Grotte von Lokve anführt, wo sie vor den schattig-kühlen Eingängen vorkomme.

fimbriata Mühlf. Illyrien, Croatien.
* incisa K. (= laminata Mutg. var. cortonensis Ad., = Adamii Cless.) Umbrien.
melanostoma F. J. Schm. Krain, Istrien.
* var. inaequalis Z. Krain, Croatien.
var. grossa Z. Illyrien, Croatien.
* silesiaca A. Schm. Schlesien, Kärnthen, Krain, Bosnien.
var. minor A. Schm. Schlesien.
Dotzaueri K. Dalmatien.
* fusca De Betta. Venetien, Krain.
var. cingulata F. J. Schm. Krain.
* ungulata A. Schm. Illyrien, Croatien, Montenegro.
* var. granatina A. Schm. Krain.
* var. commutata Rssm. Schweiz, Illyrien, Sicilien.
* intermedia F. J. Schm. Krain.
* var. costata Z. Illyrien.
var. umbrosa K. Istrien.
* curta Rssm. Illyrien.
polita Parr. Abruzzen, Croatien.
sorex K. Dalmatien.
* comensis Shuttl. Oberitalien, Tirol.
var. trilamellata Parr. Oberitalien.
lucensis Gent. Lucca.
* orthostoma Mke. (= * Mousoni Charp.) Schweiz, Deutschland, Ungarn, Siebenbürgen.
var. filiformis Parr. Siebenbürgen.
Küsteri Rssm. Sardinien, Corsica.
var. adjaciensis Shuttl.
var. sarda Villa. Sardinien.
* Meissneriana Shuttl. Sardinien, Corsica.
Porroi Pfr. Sardinien.

Fossil ist die Section Marpessa nur in folgender Art bekannt:

***? 23) Clausilia (Marpessa) laminata Mnt. sp.**

Montague, Test. brit., S. 359, Taf. II., Fig. 4 (Turbo); Küster, Clausilia S. 109, Taf. XLII., Fig. 13—30; A. Braun, Deutsch. Naturf.-Vers. Mainz, S. 145; Sandberger, Vorwelt S. 849, Taf. XXXV., Fig. 31 — 31b.

Fossil vom Mittel-Pleistocän bis lebend.

Ich kenne diese Species ausserdem noch aus dem mittelpleistocänen Thallöss von Neuenheim bei Heidelberg und aus dem oberpleistocänen Kalktuff von Oechsen bei Dermbach in der Rhön (Exemplare von Herrn Prof. von Koenen).

Sect. VIII. Herilla m.

Ich rechne zu dieser fossil noch nicht beobachteten Section nur die typischen Arten des Formenkreises der Cl. dacica Friv., die sich durch das am Vorderende ausgeschnittene Clausilium auszeichnen, sowie den Formenkreis der Cl. Frivaldskiana Rssm., der den Uebergang von Marpessa zu unserer Section vermittelt. Alle von v. Vest. Kobelt und v. Möllendorff noch hierher gezogenen Arten finden meiner Ansicht nach eine angemessenere Stelle bei Delima. Die bekannten lebenden Arten lassen sich etwa so ordnen:

a. Gruppe der Frivaldskiana Rssm. (Turcica m.).

Frivaldskiana Rssm. Türkei.

b. Gruppe der dacica Friv. (Herilla sens. str.).

Frauenfeldi Zel. Serbien.
accedens Mlldff. Serbien.
costulifera Mlldff. Nordserbien.
* dacica Friv. Banat, Bosnien, Serbien.
distinguenda Mlldff. Westserbien.
Ziegleri K. Dalmatien.
* bosniensis Zel. Türkisch-Croatien.
magnilabris Zel. Militärgränze.

Sect. IX. Siciliaria v. Vest.

v. Vest. Verhandl. etc. S. 166; Kobelt. Jahrb. d. Malakozool. Ges. 1877, S. 29.

Fossil unbekannt. In der folgenden Aufzählung der lebenden Arten bin ich ganz der trefflichen Auseinandersetzung bei A. Schmidt. a. a. O., S. 40 gefolgt und habe nur die seitdem genauer bekannt gewordenen neuen Arten an passender Stelle eingefügt:

a. Gruppe der septemplicata Phil. (Siciliaria sens. str.). Clausilium vorn am Aussenrand stark umgeschlagen.

* Grohmanniana Partsch. Sicilien.
* var. minor A. Schm. Malta, Sicilien.
* septemplicata Phil. (= prasina Ben.) Sicilien.
Calcarae Phil. Sicilien
Adelinae Ben. Sicilien.
confinata Ben. Sicilien.
Tiberii Ben. Sicilien.

Zu welcher Art pallida Parr. Menorca als Varietat zu stellen ist, scheint noch unsicher.

b. Gruppe der crassicostata Ben. (Trinacria m.). Clausilium tief rinnenförmig, vorn dick und schräg abgestutzt, schwach ausgerandet.

* crassicostata Ben. Sicilien.
var. eminens A. Schm. Sicilien.

* leucophryne Parr. Sicilien.
* nobilis Pfr. Sicilien.

Sect. X. Delima m.

Die innigen verwandtschaftlichen Beziehungen der ächten Delima-Arten älterer Autoren durch piceata Z. zu paestana Phil., stigmatica Z. und gibbula Z. verbieten die Zuordnung dieser noch von v. Möllendorff zu Herilla gerechneten Formenkreise zu anderen Sectionen, und auch die Gruppe der cattaroensis Z. scheint mir besser zur Section Delima zu passen, wohin sie ja A. Schmidt und Kobelt früher schon gestellt haben.

Fossil ist diese Section ebensowenig bekannt wie die beiden vorhergehenden. Ich ordne die bekannten Arten derselben in folgender Weise:

a. Gruppe der gibbula m. (Gibbula m.).

gibbula Z. (= * histoniensis Tib., = * Honii T.) Illyrien. Dalmatien. Vesuv. Abruzzen.
* subsp. pelagosana m. *) Pelagosa.
fallaciosa K. Dalmatien.

b. Gruppe der stigmatica Z. (Stigmatica m.).

* Sturmi K. Dalmatien.
* lamellata K. Corfu. Naxos.
* Kobeltiana K. (= * Benoiti Parr.) Abruzzen.
decorata K. Dalmatien.
* incerta Benoit (= * confusa Ben.) **) Sicilien.
* stigmatica Z. Süddalmatien. Montenegro, Epirus. Corfu.
var. striata K. Dalmatien.
var. minor K. Dalmatien.
maritima Klec. (= stigmatica Z. var. bicolor Parr.) Dalmatien.
* miles K. Aetolien.
hiatula K. Dalmatien.

*) Claus. pelagosana nov. forma. Peraffinis Cl. gibbulae Z., sed minor, perforato-rimata, dense costulato-striata, sericina, parum nitida, corneo-albescens; sutura papillis nullis vel minimis punctiformibus concoloribus creberrimis ornata. Anfractus 9; apertura minor, plica suturalis parva antice perspicua, plica principalis cum prima palatali obsolescente antice parum divergens, postice non conjuncta; lunella subtus dilatata. Alt. 10–11½ mm., lat. 3 mm. — Insel Pelagosa im adriat. Meer. 3 übereinstimmende Exemplare von Herrn Professor Ad. Stossich in Triest gesammelt und mir gütigst mitgetheilt. — Dürfte als langisolierte Inselform von gibbula Z. zu betrachten sein.

**) Cl. incerta Ben., die mir in 4 Exemplaren aus der Kobelt'schen Sammlung vorliegt, zeigt bei grosser habitueller Aehnlichkeit mit stigmatica Z. einen Umgang weniger als diese, also nur 10, hat weniger spindelförmige Totalgestalt mit nur schwach ausgezogener Spitze, mehr eingezogene Nähte und infolge dessen gewölbtere, etwas stärker gestreifte Umgänge, schiefe Mündung, die rechts oben weniger eingezogen erscheint als bei stigmatica und eine kürzere untere Gaumenfalte, die beim geraden Einblick in die Mündung rechts von der Mitte der Unterlamelle eben noch sichtbar ist, während sie bei jener gerade in der Mitte der Unterlamelle weit nach vorn heraustritt. Die fast geradlinige Lunelle ist etwas länger als die gleichgrosser Stücke von stigmatica.

adveua K. Dalmatien.
gemmulata K. Dalmatien.
* soror K. Dalmatien.
Neumeyeri K. Dalmatien.
* paestana Phil. Mittelitalien.

c. Gruppe der piceata Z. (Piceata m.).

* piceata Z. Dalmatien, Abruzzen, Sicilien

d. Gruppe der itala Mart. (Itala m.).

* ornata Z. Alpenländer bis Croatien, Schlesien.
* var. callosa Z. Krain.
var. producta A. Schm. Oberitalien.
var. minor A. Schm.
* itala Mart. (= * rubiginea Z.) S. W. Europa u. Alpenländer.
* var. latestriata Chpr. (= * Spreafici Pini *)). Oberitalien.
var. vicentina A. Schm. Oberitalien.
var. brixina A. Schm. Tirol.
var. Malcesinae A. Schm.
var. bolerensis De Betta. Oberitalien.
leucensis Villa (= leccoensis aut.) Lecco (Oberitalien).
Paroliniana De Betta. Oberitalien.
* baldensis Parr. Oberitalien.
* costulata Jan (= clavata Rssm.). Oberitalien.
* conspersa Parr. Albanien. Corfu.
platystoma K. Albanien.
Hierher wohl auch noch numidica Let. Algerien.

e. Gruppe der Stentzi Rssm. (Tirolica m.).

* Rossmässleri Pfr. Kärnthen. Friaul.
* subsp. Lorinae Gredl. Tirol.
* Balsamoi Strob. Lombardei.
Stentzi Rssm. Norditalien. Tirol. Kärnthen.
subsp. cincta Brum. Tirol. Kärnthen. Friaul.
var. minor A. Schm. Tirol.
var. saccata K. Tirol.
* subsp. Funcki K. Tirol.
* subsp. Letochana Gredl. Tirol.

*) **Cl. Spreafici Pini** von Tirano im Val Tellin ist nach Exemplaren aus Kobelt's Sammlung synonym mit Cl. latestriata Chpr., die ich wie meine Stücke von rubiginea Z. nur für Varietät von itala Mart., nicht von ornata Z. erklären kann. Sie unterscheidet sich von der typischen Cl. itala nur durch die übrigens sehr schwache weitläufige Rippenstreifung und die horngelbe Farbe des Gehäuses.

5 *

f. Gruppe der conspurcata Jan. (Dalmatica m.).

minuscula Parr. Cutais (Caucasus).
Parthenia K. Dalmatien.
    var. minor K. Montenegro.
longicollis K. Dalmatien.
* blanda K. Dalmatien.
* humilis K. (= ? soraria Parr., = egena K.). Dalmatien.
T album K. Dalmatien.
sebenicensis Vid. Dalmatien.
diaphana K. Dalmatien.
* Gospiciensis Zel. (= opaca Chpr.) Croatische Militargränze.
* conspurcata Jan. Dalmatien.
    var. subcrenata A. Schm. Dalmatien.
angistoma K. Dalmatien.
* decipiens Rssm. (= latilabris Pfr., = Michahellis K.). Dalmatien, Croatien.
    var. major A. Schm.
    var. Hoffmanni Stenz.
    var. fuscata Mlldff.
    var. minima A. Schm.
    var. minor K. Narenta.
* croatica Parr. Croatien. Dalmatien.
Helenae Kler. Dalmatien.
* latilabris Wagn. (= * Sinjana Kutsch.). Dalmatien.
* albocincta Pfr. (= ? De Cattaniae Villa). Dalmatien.
    var. minor K. Dalmatien.
    var. major A. Schm. Dalmatien.
    var. rufa K. Dalmatien.
divergens Kler. Dalmatien.
opaca Z. Croatien.
castanea K. Dalmatien.
* notabilis K. Dalmatien.
rutila K. Dalmatien.
angusticollis Kler. Dalmatien.
Rosinae Kler. Dalmatien.
* archilabris Kutsch. Parr.*). Dalmatien.
pachychila Kler. Dalmatien.
petrina Parr.

*) Die von Parreyss erhaltenen Exemplare lassen eine der decipiens Rssm. nahe stehende Art erkennen, die sich nur durch den Sinulus wesentlich unterscheidet. Die eigenthümliche Lippe und die Lamella inserta hat sie mit robusta K. gemein.

* pachystoma K. Dalmatien.
  var. gracilis A. Schm. Dalmatien.

g. Gruppe der binodata Z. (Binodata m.).

* Pfeifferi K. Dalmatien.
* binodata Z. Istrien, Croatien, Herzegowina, Dalmatien.
  * var. consentanea Z. Dalmatien.
  var. Hercegovinae Mlldff. Herzegowina.
* satura Z. Croatien, Herzegowina, Dalmatien.
* gastrolepta Z. Dalmatien, Montenegro.
  * var. tabida K. Dalmatien.
  var. Freyeri K. Dalmatien.

h. Gruppe der laevissima Z. (Laevissima m.).

* pachygastris Partsch. Dalmatien.
  var. bulla Partsch. Dalmatien.
* laevissima Z. (= * fuliginosa Parr.). Dalmatien, Südcroatien.
  var. superstructa A. Schm. Dalmatien.

i. Gruppe der cattaroensis Z. (Montenegrina m.).

* rugilabris Mouss. Epirus.
* cattaroensis Z. Dalmatien.
  * var. minor. m.*) Albanien.
laxa A. Schm. Dalmatien.
* subcristata K. Montenegro.
helvola K. Dalmatien.
* janinensis Mouss. Epirus.

k. Gruppe der substricta Parr. (Substricta m.).

* subcylindrica Z. Dalmatien.
  var. geophila K. (= minor A. Schm.). Dalmatien.
  var. pupula K. (= minima A. Schm.). Dalmatien.
* substricta Parr. Dalmatien.
  var. solidula Kutsch. Dalmatien.
* crenulata Z. Dalmatien.
amoena K. Dalmatien.
* rugulosa K. Dalmatien.
* fulcrata Z. Dalmatien.
tichobates Parr. Dalmatien.
* Sirki Parr. Dalmatien.
pellucida Pfr. Dalmatien.

---

*) Nur 17½ mm. lang; äusserer Mundsaum etwas gerundet erweitert, ohne Einbuchtung, untere Gaumenfalte etwas weiter vorragend, Nacken weitläufiger gerunzelt als bei der Stammform. Von Prof. A. Stossich in Triest aufgefunden.

* Stossichi n. sp. *) Dalmatien.
tenella Parr. Dalmatien.
* Cusmichi K. Dalmatien.

l. Gruppe der robusta K. (Robusta m.).

curzolana Zel. Dalmatien.
* robusta K. Dalmatien
* var. albilabris Sandri. Dalmatien.
* muralis K. Dalmatien.
* var. Vidovichi Kutsch. Dalmatien.
* var. montenegrina K. (= morlachica Parr.). Montenegro.
* callifera K. Dalmatien.
semilabiata Kutsch. (= Preeskarii Parr.). Dalmatien **).
leucostoma K. Dalmatien.
Hierher noch planicollis Parr. Dalmatien und agnella Parr. Dalmatien.

m. Gruppe der semirugata Z. (Semirugata m.).

* semirugata Z. Dalmatien.
var. prunilia Parr. Dalmatien.
var. pygmaea F. J. Schm. Dalmatien.
var. ventrosa A. Schm. Dalmatien.
subsp. vibex Rssm. Südcroatien, Dalmatien.
* var. planata Parr. (= * obesa Pfr., = * vibex var. tumida, = * vibex var. minor K.). Dalmatien.
* albida Parr. Dalmatien.
* Blaui Mlldff. Bosnien, Herzegowina. Dalmatien.
* callocincta K. (= robusta K. var. cylindracea De Betta.) Dalmatien.
crassilabris K. Dalmatien.
var. callida Parr. Dalmatien.
* planilabris Rssm. Dalmatien.
* bilabiata Wagn. Dalmatien.

*) **Clausilia Stossichi n. sp.** Testa affinis Cl. pellucidae Pfr., sed multo major, gracilior, anfractibus 10, obsolete costulato-striata, sutura crenulata, vix papillifera. Peristoma continuum, undique solutum et protractum, albido-callosum. Lamella spiralis profundior, subcolumellaris strictiuscula, vix emersa. Plica suturalis principalem ultra lunellam satis productam aequans, palatalis infera validiuscula, candida, emersa. Lunella modo literae graecae λ arcuata. Alt. $14^{1}/_{2}-15^{1}/_{2}$ mm, lat. $3^{2}/_{3}$ mm. — Durch Grösse, nahezu fehlende Papillierung, die lange deutliche Suturale, die spitz eiförmige, weit lostretende Mündung, die deutlich sichtbare Subcolumellarlamelle und die Spirallamelle, welche nur ein Drittel der Oberlamelle begleitet, sehr ausgezeichnet. An den Castellis bei Spalato von Herrn Prof. A. Stossich in Triest gesammelt und mir in zahlreichen, unter sich übereinstimmenden Exemplaren mitgetheilt. Ich erlaube mir die schöne, fast wie eine glatte und glänzende fulcrata Z. gebaute Art meinem verehrten, um die Erforschung der Fauna der Adria so verdienten Freunde zu dedicieren.

) **semilabiata Kutsch. bildet nach Küster, Dalmat. Clausilien 1875, S. 5 einen eigenen Formenkreis. Auch mir scheint dies gerechtfertigt; doch wage ich vorläufig aus Mangel an Material noch nicht die Trennung von Robusta.

* Alschingeri K. Dalmatien.
var. minor. A. Schm. Dalmatien.
* var. magniventris K. Dalmatien.
* Biasolettiana Chrp. Illyrien, Istrien. Dalmatien.
Hierher auch macrostoma K. Dalmatien.

Zur Section Delima gehören ausserdem noch folgende mir unbekannt gebliebene lebende Arten:
Belloti Strob. Dalmatien.
cylindricollis K. Dalmatien.
hectica K. Dalmatien.
leucostemma K. Dalmatien.
modesta K.
semicostata K. Dalmatien.
Tristrami Pfr. Atlas.

Sect. XI. Medora von Vest.

v. Vest, Verhandl. etc., S. 167 (excl. grisea Desh.).

Da sich die von Sandberger zu Medora verwiesene Cl. bulimoides A. Braun als eine mit Triloba und Alopia verwandte Form herausgestellt hat, fehlen auch von dieser Section bis jetzt fossile Vertreter.

Beiläufig sei erwähnt, dass Cl. punctulata K. aus Calabrien, eine unzweifelhafte Medora, nur aus Versehen von Kobelt (Catalog d. europ. Binnenconchylien. Cassel 1871. S. 42) zu Papillifera gestellt worden ist, indem er Küsters falsches Citat seiner Abbildung (Taf. IV. Fig. 22 und 23) auf Taf. V. Fig. 22 und 23, welche eine ächte Papillifera darstellt, suchte, während die Art factisch auf Taf. III. Fig. 22 und 23 abgebildet ist.

Die naturgemässeste Ordnung dieser Section, in der noch manche Zweifel in Betreff der Abgrenzung des Artbegriffs herrschen, ist etwa folgende:

* Kutschigi K. Dalmatien.
var. costicollis Parr. Dalmatien.
* var. contracta Z. Dalmatien.
aquila Parr. Dalmatien.
var. gravida K. Dalmatien.
* dalmatina Partsch. Dalmatien.
var. ingrossata A. Schm. Dalmatien.
var. epidaurica Kutsch. Dalmatien.
var. attenuata Kutsch. Dalmatien.
var. minor A. Schm. Dalmatien.
* regina K. Imoschi.
Brusinae Kutsch. Dalmatien.
leucopleura Brus. Dalmatien.
* almissana K. Dalmatien.

var. minor A. Schm. Dalmatien.
var. minima A. Schm. Dalmatien.
* proxima Walderd. Dalmatien.
var. elongata Walderd. Dalmatien.
* macarana Z. Dalmatien.
var. minor A. Schm. Dalmatien.
var. gracilior A. Schm. Dalmatien.
* Eris A. Schmidt. Dalmatien. Herzegowina.
* carniolica F. J. Schm. Krain.
* equestris K. (= * stenostoma Rssm., A. Schm.). Dalmatien.
lesinensis Kutsch. Dalmatien.
Barbieri Zel. Dalmatien.
Urlaiensis Zel. Croatien.
* istriana F. J. Schmidt (= albescens Mke.). Istrien.
var. graciliformis Kutsch. Istrien, Dalmatien.
punctulata K. (= * Orsiniana Villa). Calabrien.
agnata Partsch. Croatien.
* cognata n. sp.*) Dalmatien.

Sect. XII. Agathylla von Vest.

v. Vest. Verhandl. S. 168.

Ich schliesse von dieser Section die maderensischen und afrikanischen Arten aus und erhebe sie zu eignen Formenkreisen. Herr v. Möllendorff verwirft (Malakozool. Blätter. Bd. XXI. 1873, S. 169) die Abtrennung der Agathyllen von Medora, weil der Schliessapparat keine erheblichen Differenzen zeige. Nichtsdestoweniger glaube ich, dass diese Section sehr gut aufrecht erhalten werden kann, da sich die hierhergehörigen Arten im Habitus immer leicht erkennen lassen.

Die Arten dieser fast rein auf Dalmatien beschränkten Section, von der fossile Vertreter noch nicht nachgewiesen sind, ordne ich in folgender Weise:

abrupta K. Dalmatien.
diminuta Parr. Dalmatien.
sulcosa Wagn. Dalmatien.
* var. atractoides K.**) Dalmatien.
* var. cataphracta Parr. Dalmatien.

*) **Cl. cognata n. sp.** Testa persimilis Cl. agnatae Partsch, sed gracillima, cylindracea, haud ventriosa, albida vel corneo-albida; anfractibus 10 multo altioribus, ultimo magis cylindraceo, dorso applanato, juxta rimam distinctius cristato; apertura minore, lamellis intus magis conniventibus, spiralis superae valde approximata, lunella sigmoidea, palatalis infera maxima arcuatim cum callo palatali obsoleto connexa. Alt. $15\frac{1}{2}$—$16\frac{1}{2}$ mm., lat. $3\frac{1}{4}$—$3\frac{1}{2}$ mm. (gegen nie weniger als 4 mm. bei Cl. agnata Partsch). Alt. apert. $3\frac{1}{2}$—$3\frac{3}{4}$ mm., lat. apert. $2\frac{2}{3}$ mm. — Mit Cl. agnata Partsch als Uebergangsglied zur Section Agathylla zu betrachten. Cariopago in Dalmatien, mit Cl. binodata Z. zusammenlebend; von Herrn Prof. A. Stossich in Triest in nur 3 Exemplaren gesammelt.

) **Cl. sulcosa var. atractoides K. Anfractibus magis convexis, costis distantioribus, albis. Originalexemplare Küster's in Kobelt's Sammlung.

oleosa Westerl. Dalmatien.
* exarata Z. Dalmatien, Bosnien.
 var. minor Mlldff. Dalmatien.
longicollis Westerl. Dalmatien.
* angustella Parr. (= * Goldi Kutsch.). Dalmatien.
* armata Kutsch. (= Lanzai Dkr.). Dalmatien.
narentana Parr. Dalmatien.
* albicosta n. sp.*) Macedonien.
* lamellosa Wagn. Dalmatien.
 var. striolaris Z. Dalmatien.
 var. elongata Walderd. Dalmatien.
* regularis Parr. (= * Walderdorffi Kutsch. und Parr.). Dalmatien.
* strigillata Mühlf. Dalmatien.
* formosa Z. Dalmatien.

†† Sect. XIII. Constricta m.

Char. Plica principalis longa; plicae palatales lunellaque deficientes. Lamella spiralis conjuncta, infera valida, valde conspicua, subcolumellaris plus minus remota. Cervix crista valida annulari. Apertura ovalis, peristoma expansum, ample labiatum. Testa costulata.

Unter der langen Principalfalte fehlen sowohl Gaumenfalten als auch die Mondfalte. Spirallamelle mit der Oberlamelle verbunden, Unterlamelle sehr entwickelt, Sförmig geschweift. Subcolumellarlamelle mehr oder weniger zurücktretend. Nacken mit einem scharf ausgeprägten, der Mündung parallelen Querwulst. Mundöffnung oval mit zusammenhängenden, ausgebreiteten, sehr stark gelippten Rändern. Schale rippenstreifig.

Dieser bis jetzt nur fossil beobachtete, durch den Habitus leicht erkennbare Formenkreis ist in Gestalt und Form der Mündung der v. Vest'schen Section Cristataria (Verhandl. etc. S. 170) überaus ähnlich, kann aber der durchlaufenden Spirallamelle und der fehlenden Mondfalte wegen nicht mit ihr vereinigt werden. Ob sich in der Form des Clausiliums**) auch ein Unterschied zeigt, kann ich leider nicht sagen, da dasselbe bei der fossilen Gruppe noch nicht bekannt ist. Zu anderen Sectionen finde ich keine besonders nahen Beziehungen.

*) **Clausilia albicosta n. sp.** (Taf. IV. Fig 46a—c). Aff. Cl. lamellosae Wagn., sed fere duplo major, tenuior, ventrioso-fusiformis, anfractu ultimo subinflato, basi vix cristato, costulis arcuatis, apertura rotundato-ovalis; lamella infera profundius sita, lunella nulla, plica principali parva conspicua palatalique supera unica punctiformi, albo-perspicuis. Alt. 19½ mm., lat. 4½ mm. Alt. apert. 4½ mm., lat. apert. 4 mm. — Macedonien (von Herrn W. Schlüter bezogen). 5 Exemplare. — Die prachtvolle, bei flüchtigem Blick in Form, Costulierung und Grösse an Cl. syracusana Phil. erinnernde Art hat ein schmales, vorn zugespitztes und nicht ausgerandetes Clausilium, wird daher am besten hieher und nicht zu Alopia zu stellen sein.

**) Cl. strangulata Fér. hat ein sehr charakteristisches, tief ausgehöhltes, an der Innenseite unten in einem rechten Winkel abgestutztes Clausilium und dürfte innerhalb der Section Cristataria mit Cl. Medlycotti Tristr., vesicalis Friv. und einigen anderen einen enger geschlossenen Formenkreis bilden, der, durch den Querkiel vor der Mündung sich an Cl. sulcosa Mühlf. anschliessend, nach der Sect. Agathylla v. Vest hinüberleitet. Auf der anderen Seite vermittelt Cl. Colbeauiana Parr. und Delesserti Bourgt. den Uebergang dieser Gruppe zu dem bloss mit Längskielen ausgestatteten Formenkreis der Cl. Boissieri Chpr.

Constricta muss demnach als Vorläufer der jetzt mit einer Ausnahme auf Syrien und Palaestina beschränkten Section Cristataria v. Vest aufgefasst werden. Mondfalte und getrennte Spirallamelle lassen sich nämlich, wie ich im Laufe dieser Arbeit bei mehreren Clausiliengruppen nachweisen kann, ungezwungen als später erworbene Schalencharaktere auffassen.

Ich rechne in diese Section 3 tertiäre Arten, sämmtlich aus dem Unter-Miocän, nämlich:

*†† Kochi n. sp. Unter-Miocän. Hochheim.
*†† tenuisculpta Rss. Unter-Miocän. Nordböhmen.
*†† collarifera n. sp. Unter-Miocän. Hochheim.

Hier meine Beobachtungen an der bekannten und die Beschreibungen der neuen Arten:

†† 24) Clausilia (Constricta) Kochi n. sp.
(Taf. Fig. 22a—e).

Char. Testa major, ventrioso-fusiformis, spira superne attenuata, apice subacuto. Anfractus 11 subplani, suturis impressis et parum crenulatis disjuncti, initiales 2 laeves, abhinc costulis permultis transversalibus subarcuatis aequidistantibus, saepius dichotomis ornati, ultimus coarctatus, cervice modice applanato, circiter $1/3$ omnis altitudinis aequans, aperturam versus rugis undatis irregularibus dichotomis tectus et denique profunde constrictus. Apertura magna, recta, subovalis, marginibus continuis, solutis, undique expansis, late labiatis, sed haud reflexis. Lamella supera peristoma non attingens, mediocris, infera valida obliqua, flexuosa, usque ad marginem producta, subcolumellaris in labium transiens.

Die bauchig-spindelförmige, mittelgrosse Schale hat eine schlank ausgezogene, ziemlich plötzlich verjüngte Spitze. Die 11 wenig gewölbten, vom dritten an mit zahlreichen, oft wellig gebogenen und dichotomen Rippenstreifchen gezierten und auch hie und da schwache Spuren einer Quersculptur zeigenden Umgänge sind durch eingedrückte und etwas gekerbte Nähte von einander getrennt. Die letzte, sich deutlich verengende Windung, welche den dritten Theil der Höhe der ganzen Schale erreicht, zeigt auf dem mässig abgeflachten Nacken etwas stärkere, wellenförmige, dichotomirende Runzelrippen, breitet sich dann zu einem den ganzen Umgang umschliessenden scharfkantigen Querkiel aus, der, unmittelbar vor der Mündung liegend, durch eine tief eingeschnittene Einschnürung von dem breiten Mundsaum getrennt wird, was fast aussieht, als wenn zwei Mündungen in einander gesteckt worden seien. Die Mundöffnung selbst ist breit oval, mit in einander laufenden Rändern, überall losgelöst und flach ausgebreitet, aber nicht umgeschlagen. Die nur einen kleinen Sinulus abgrenzende Oberlamelle ist mässig entwickelt und tritt nicht bis an den Mundsaum, während die mächtige, quer nach links und innen aufsteigende, mehrfach gebogene, durch eine auf ihr liegende Depression fadenförmige Unterlamelle fast bis an den Aussenrand vortritt und die in sanfter Krümmung nach unten steigende Subcolumellarlamelle fast unmerklich in die den Mundsaum innen belegende Lippe ausläuft. — Nach einer schwachen Andeutung auf dem Nacken vermuthe ich wie bei den übrigen Arten der Section eine lange, tief in die Mündung hineinsetzende Principalfalte und den Mangel einer Mondfalte.

Grösse. Alt. 29 mm., lat. 8 mm. Alt. apert. $7^3/_4$ mm., lat. apert. 6 mm.

Fundort. Diese wahrhaft prachtvolle Art, von der sich bis jetzt trotz des mehrere Jahrzehente langen eifrigen Sammelns eines Raht. A. Braun, Thomae, Fr. Sandberger, Gerlach, v. Fritsch und vieler andern keine Spur gefunden hatte, wurde in jüngster Zeit in dem einzigen abgebildeten tadellosen Stücke von Herrn Landesgeologen Dr. Carl Koch-Wiesbaden im untermiocänen Landschneckenkalk zu Hochheim aufgefunden und mir zur Publication anvertraut. Ich erlaube mir, diese Art nach meinem um die geologische Erforschung des Taunusgebirges hochverdienten Freunde zu benennen.

Foss. Verw. Unter den mir bekannten fossilen Formen der Gattung Clausilia sind **tenuisculpta** Rss. und **collarifera** n. sp. die nächstverwandten Arten und gehören ohne Zweifel mit unserer Form in dieselbe natürliche Gruppe. Aber die genannten Species sind viel kleiner und schlanker, die Oberlamelle ist bei ihnen randständig, der Nacken weit flacher, und der Querkiel viel stärker entwickelt. Von beiden Arten ist Kochi demnach unschwer zu unterscheiden.

Leb. Verw. Wie schon bei der Charakterisierung der Section, zu der ich diese Art stelle, erwähnt wurde, sind, abgesehen von der abweichenden Bildung der Spirallamelle und Mondfalte, Arten der syrischen Gruppe Cristataria v. Vest als die ihr zunächst stehenden lebenden Verwandten zu bezeichnen, doch erreicht keine der mir bekannten Arten derselben die bedeutende Grösse und Dicke unserer fossilen Species. Auch der kleine Formenkreis der Cl. vallata Mouss. von der Balkanhalbinsel, die ich mit v. Vest (Verhandl. etc., S. 171 = vellata Ad.) und v. Möllendorff wegen des Mangels einer Principalfalte, wegen der mächtigen bis an die Naht reichenden Mondfalte und der papillierten Jugendwindungen für eine unzweifelhafte Papillifera halte, hat in Gehäuseform, Nackenwulst und Stellung der Lamellen gewisse Aehnlichkeit, zeigt aber in der Bildung der Spirallamelle und Lunelle und durch das Fehlen der Principalfalte so bedeutende Abweichungen, dass an eine engere Verwandtschaft mit unserem Formenkreis nicht zu denken ist.

** 25) Clausilia (Constricta) tenuisculpta Reuss.

(Taf. Fig. 27a und b).

Sitz.-Ber. d. K. K. Acad. d. Wiss. zu Wien, math.-naturwiss. Cl., Bd. XLII., S. 75, Taf. II, Fig. 11a—c; Sandberger, Vorwelt S. 435 ex parte, Taf. XXIV, Fig. 11—11b.

Char. Testa ventrioso-fusiformis, spira regulari, apice obtuso, basi rimata. Anfractus 9—10 fere plani, suturis linearibus lineolatis vel strigillatis disjuncti, exceptis duobus initialibus costulis densis transversalibus valde undatis, plerumque dichotomis ornati. Ultimus coarctatus, cervice applanato, circiter 1/3 omnis altitudinis aequans, aperturam versus rugis undatis dichotomis tectus et denique profunde constrictus. Apertura rotundato-quadrangularis, recta, angusta, marginibus continuis, solutis, undique expansis, late labiatis, sed haud reflexis. Peristoma latere externo flexuosum sinulo perangusto. Lamella supera mediocris, crassa, cum spirali continua, peristoma attingens; infera validissima, horizontalis, parum flexuosa, fere usque ad marginem producta; subcolumellaris ascendens parum conspicua. Plica principalis longa, intus validior, suturae parallela. Lunella nulla.

Das Gehäuse ist kürzer oder länger spindelförmig, etwas bauchig, mit regelmässigem Gewinde und ziemlich stumpfer Spitze. Die 9 oder 10 sehr flach gewölbten Windungen sind mit feinen, gedrängten, wellenförmig gebogenen, unterhalb der Sutur zu zweien oder dreien stärker hervortretenden Rippenstreifchen geschmückt und werden durch schmale, linienförmige Nähte getrennt. Auf dem letzten Umgang, der etwa den dritten Theil der Gesammthöhe der Schale ausmacht, erscheinen diese Rippchen vielfach gabelig mit einander verbunden und fliessen auf dem vorderen Theil des auf der stark verengerten letzten Windung liegenden ringförmigen Querkiels zu wenigen viel stärkeren und weiter von einander abstehenden Runzeln zusammen. Die gerundet-vierseitige Mündung steht senkrecht und zeigt aussen einen ununterbrochenen, losgelösten, weit ausgebreiteten und auffallend stark gelippten Mundsaum. im Innern ist sie demgemäss sehr verengt mit schmalem Sinulus und an der äussern Seite winkeliger Einbuchtung. Die ziemlich dicke und etwas gebogene Oberlamelle entspringt auf dem ersten Drittel der Mündungswand und verläuft nach hinten ununterbrochen in die Spirallamelle; die Unterlamelle dagegen ist aussergewöhnlich stark entwickelt, wenig gebogen und läuft, auf der Mitte des Spindelrandes entspringend, in beinahe horizontaler Richtung quer durch die Mündung bis fast an den dort, wie bereits bemerkt, etwas eingedrückten linken Mundrand reichend, nach innen und oben. Von der Subcolumellarlamelle ist bei geradem Einblick in die Mündung in der unteren Ecke nur ein ganz kleines Stückchen sichtbar. Endlich lässt sich noch eine weit nach vorn reichende, nach hinten zu allmählich kräftiger werdende Principalfalte erkennen. Eine Mondfalte fehlt dagegen gänzlich.

Ausdrücklich muss ich noch erwähnen, dass alles, was ich in meiner Revision d. tert. Land- u. Süssw.-Verst. d. nördl. Böhmens (Jahrb. d. K. K. geol. Reichsanst., Wien 1870, Bd. XX., S. 292) über tenniseulpta gesagt habe, sich nicht auf diese Species, die ich damals noch nicht kannte, bezieht, sondern auf die später zu beschreibende Cl. (Dilataria) perforata n. sp. Infolge dessen sind auch die meiner Beschreibung entnommenen Worte: „Eine starke Gaumenfalte, welche nicht ganz parallel mit der Naht sich nach hinten etwas abwärts biegt, lässt sich in der Tiefe der Mündung erkennen, schwieriger auch die dicht unter ihrem hinteren Ende liegende punktförmige Mondfalte“ bei Sandberger, Vorwelt S. 436 u. f. zu streichen.

Grösse. Alt. 14.2 – 16 mm., lat. 3,6 — 4 mm. Alt. apert. 3.5 mm., lat. apert. 2.5 mm.

Fundort. Im Unter-Miocän von Tuchoritz in Nordböhmen, sehr selten. Ich besitze die interessante Art in 3 Exemplaren, von denen ich eins in Tuchoritz selbst gesammelt habe; zwei prachtvolle Stücke, von denen ich das eine, ganz vollständige Taf.   , Fig. 19 von hinten und von der Seite habe zeichnen lassen, vertraute mir Herr Dr. C. Schwager in München zum Zwecke dieser Publication an.

Foss. Verw. Von fossilen Arten ist die etwas grössere Cl. collarifera n. sp. aus dem Unter-Miocän von Hochheim die nächstverwandte; die Unterschiede sollen bei dieser (vergl. unten) angegeben werden.

Leb. Verw. Unter den lebenden Clausilien dürften noch am ersten Cl. strangulata Fér. sp. (Küster, Clausilia, Nürnberg 1847, S. 91, Taf. X., Fig. 16—20) von Port Said und Beirut und Cl. Medlycotti Tristr. aus Palaestina, also Vertreter der Section Cristataria v. Vest, mit unserer Art zu vergleichen sein. Beide Arten sind aber weit schlanker, haben eine getrennte Spirallamelle, anders gebildete, kleinere Unterlamelle und eine — wenn gleich schwache — S förmig gebogene Mondfalte, wie ich mich an aufgebrochenen Exemplaren überzeugen konnte.

*†† 26) Clausilia (Constricta) collarifera n. sp.

(Fig. 24 a—e).

Char. Affinis Cl. tenuisculpta Reuss, sed testa majore, regulariter fusiformi, graciliore. Anfractus 10, celeriter accrescentes, modice convexi, suturis impressis, non strigillatis disjuncti, exceptis tribus initialibus costulis densis transversalibus undatis, plerumque dichotomis ornati. Ultimus elongatior, minor quam $1/3$ omnis altitudinis. Lamella infera valida, oblique descendens, flexuosa, subtus nodifera. Peristoma latere externo non flexuosum, sinulo majore.

Vom Typus der vorigen Art, mit analoger Spirallamelle und fehlender Mondfalte, aber durch folgende Merkmale leicht zu unterscheiden. Das Gehäuse ist grösser, regelmässiger spindelförmig, schlanker. Die 10 Umgänge sind relativ höher, etwas gewölbter, die Nähte einfach, nicht gestrichelt oder papilliert, ausser den 3 ersten dicht mit nicht ganz so auffallend wellig gebogenen, häufig dichotomierenden Querrippchen geziert. Die letzte Windung ist relativ mehr verlängert, niedriger als ⅓ der Gesammthöhe. Die Unterlamelle ist weit weniger entwickelt als die von tenuisculpta: sie steigt gebogen schief in die Höhe und trägt vor ihrem Unterende ein starkes faltenförmiges Knötchen. Der linke Mundrand zeigt innen neben dem ziemlich weiten Sinulus keine Spur einer knotenförmigen Einbuchtung.

Grösse. Alt. 20,5 mm., lat. 4 mm. Alt. apert. 4,5 mm., lat. apert. 3.25 mm.

Fundort. Im untermiocänen Landschneckenkalk von Hochheim, äusserst selten. Von Herrn Landesgeologen Dr. Carl Koch-Wiesbaden in dem einzigen abgebildeten Exemplar entdeckt und mir mitgetheilt.

Foss. Verw. Die nächste fossile Verwandte ist die bereits in der Charakteristik erwähnte und eingehend verglichene Cl. tenuisculpta Rss. aus dem untermiocänen Landschneckenkalk von Tuchoritz.

Leb. Verw. In Grösse und Form möchte zwar nach directer Vergleichung Cl. vesicalis Friv. aus Syrien als sehr nahe stehend bezeichnet werden können; diese unterscheidet sich aber, abgesehen von der Sculptur, wie alle lebenden Cristatarien durch das Auftreten einer Mondfalte und die getrennte Spirallamelle.

—

Sect. XIV. Cristataria von Vest.

v. Vest, Verhandl. etc. S. 170.

Wie bereits bei der vorigen Section bemerkt, halte ich die Vertreter dieser bis jetzt nur lebend bekannten, mit Ausnahme einer einzigen macedonischen Art auf Syrien und Palästina beschränkten Gruppe für directe Nachkommen der Section Constricta, die meiner Ansicht nach durch Annahme einer Mondfalte und einer getrennten Spirallamelle, deren functionelle Bedeutung wir allerdings noch nicht kennen, zur Existenz bis in die Jetztzeit befähigt worden sind.

Die zum Theil in den Sammlungen noch sehr seltenen, zum Theil kostbaren Arten gruppiere ich in der Weise, dass ich im Anschluss an die vorige Section zuerst die Arten mit Querkiel ohne Längskiele (Typus vesicalis Friv.) aufführe, dann die mit Quer- und Längskielen (Typus Ehrenbergi Roth) folgen lasse und endlich die Arten, die blos mit Längskielen ausgestattet sind (Typus Boissieri Chrp.), an den Schluss stelle.

genezarethana Tristr. Palaestina.
* Medlycotti Tristr. Palaestina.
* strangulata Fér. Syrien, Creta.
var. minor m.*) Creta.
sancta Bourgt. Syrien.
nervosa Parr. Syrien.
fauciata Parr. Syrien.
Bargesi Bourgt. Syrien.
Zelebori Rssm. Syrien.
* vesicalis Friv. Syrien.

*) Cl. strangulata var. minor m. Apertura circulari, subcolumellari conspicua, sed haud emersa. Alt. 15½ mm. lat. 3 mm. Angeblich von Creta (Parreyss).

* dextrorsa n. sp.*). Macedonien.
* Colbeaniana Parr. Antiochia.
* Ehrenbergi Roth (= Delesserti Bourgt.) Syrien.
Gaudryi Bourgt. Syrien.
phoeniciaca Bourgt. Syrien.
* Raymondi Bourgt. Syrien.
judaica Bourgt. Syrien.
Albersi Chpr. Syrien.
Dutailliana Bourgt. Syrien.
* Boissieri Chpr. Syrien.
* cylindrelliformis Bourgt. Libanon.
porrecta Friv. Syrien.

Ausserdem gehören in diese Section noch prophetarum Bourgt. und Davidiana Bourgt., beide ebenfalls aus Syrien.

Sect. XV. Albinaria von Vest.

v. Vest. Verhandl. etc., S. 170.

Eine vermuthlich hieher gehörige fossile Form soll nachher erwähnt werden.

Auch mir fehlt es, wie mehr oder weniger allen meinen Vorgängern, beim Versuche einer Aufzählung der bis jetzt beschriebenen Albinaria-Arten an hinreichendem Material. Die Aehnlichkeit der Formen, die Unsicherheit der Fundorte und die mäandrisch verschlungene Nomenclatur machen diese Section zur schwierigsten der ganzen Gattung Clausilia. Doch seien mir ein paar Bemerkungen über meine Anordnung erlaubt. Der Formenkreis der petrosa Parr. scheint mir am ungezwungensten mit der Section Cristataria zu vermitteln und steht desshalb voran; an ihn schliessen sich die isabellgelben und grauweissen, starkcostulierten anatolica Roth und Spratti Pfr., die durch inflata Oliv. zum Formenkreis der bigibbosa Chpr. und von diesem zu den mit rundem oder rein ovalem Peristom versehenen Arten, wie Olivieri Roth und brevicollis Pfr., überleiten. An sie schliesst sich das Heer der mehr oder weniger glatten und glänzenden weissen Cretenser. Hier würde ich die mit starker entwickelter Unterlamelle versehenen Arten voranstellen und allmählich zu den mit tiefer liegender oder schwacher Unterlamelle ausgestatteten Species übergehen. Durch flammulata Pfr. schliessen sich dann die rechtsgewundenen Arten des Formenkreises der Voithi Rssm. ungezwungen an die zahlreichen mehr gedrungenen Formen der jonischen Inseln, die endlich mit grisea Desh. und einigen andern Species vom Festland von Morea zur Section Papillifera m. überleiten.

*) **Clausilia dextrorsa** n. sp. (Taf. IV. Fig. 15 a—d). Aff. Cl. Colbeanianae Parr., sed minor, anfractibus 10 substriatis, fere laevibus, sutura modo tenui albidulosa dispunctis, ultimo latiore, vix attenuato, cervice deplanato, basi obsolete bicristato, crista annulari nulla. Apertura obliqua, regulariter piriformis, peristomate fusco-albido. Lamella supera parva, a margine recedens, infera intus bifurcata, basi subtruncata; lamella parallela plicaque suturalis unica magis conspicua, lunella lata, S formis, cum plica principali postice conjuncta. Loco palatalis inferae callus obsoletus a lunella sejunctus. Alt. 18—19½ mm., lat. 4—4½ mm. Alt. apert. 4½—4¾ mm., lat. apert. 3½—4 mm. — Macedonien (von Herrn W. Schlüter in Halle bezogen), 2 Exempl. Eine höchst ausgezeichnete, durch den fehlenden Querkiel leicht von der einzigen näher verwandten Cl. Colbeaniana Parr. zu unterscheiden.

Die mir einigermassen geläufigen Formen gruppiere ich unter Zugrundelegung der Verwandtschaftsangaben von A. Schmidt, Küster und v. Möllendorff in folgender Weise:

* petrosa Parr. Creta (Baia di Mirabello).
* anatolica Roth. Carien.
Hedenborgi Pfr. Syrien.
* Spratti Pfr. Creta.
Forbesiana Pfr. Lycien, Creta.
* inflata Oliv. Creta.
var. minor K. Creta.
* bigibbosa Chpr. Kleinasien.
maculata Z. Smyrna.
eremita Parr. Rhodus.
indigena Parr. Griechenland.
praeclara Pfr. Creta.
altecostata Zel. Naxos.
rufospira Parr. Cypern.
retusa Oliv. Creta.
saxatilis Pfr. Cypern.
lerosiensis Pfr. Leros. Kos.
avia Parr. Cypern.
* Olivieri Roth. Ephesus. Rhodus, Creta.
* rotundata Parr. Milo.
terebra Pfr. Creta.
brevicollis Pfr. (= * Lübbekei Parr.) Rhodus.
hellenica K. Griechenland.
Draparnaldi Beck. Milo.
* homalorraphe Pfr. Creta.
caerulea Fér. (= * cretensis Rssm.) Corfu. Macedonien. Chios. Syra. Naxos. Santorin. Creta. Cypern.
* var. minor m. Syra.
var. tinorensis Mouss. Tinos.
libanica Pfr. Libanon.
mitylena Alb. Lesbos.
solidula Pfr. Creta.
candida Pfr. Creta.
Milleri Pfr. Paros.
teres Oliv. Creta.
cristatella K. Sporaden.
cretensis Mühlf. Creta.
coutinis Parr. Syra.
byzantina Parr. Creta.

var. minor A. Schm. Creta.
* straminea Parr. Creta.
troglodytes Parr. Creta.
naevosa Fér. Zante. Cerigo.
* modesta Z. Cefalonia.
cretacea K. Dalmatien.
inconstans Mouss. Epirus.
* senilis Z. Cefalonia. Corfu.
* munda Z. Smyrna, Rhodus.
cinerascens K. Dalmatien.
obliqua Mühlf. Corfu.
Liebetruti Chpr. Zante.
inspersa Parr. Creta.
scopulosa Parr. Zante.
discolor Pfr. Cerigo.
* flammulata Pfr. Morea.
* Voithi Rssm. Morea.
* Menelaos Mart. Morea.
* Agesilaos Mart. Morea.
var. minor Mart. Morea.
* corcyrensis Mouss. Corfu.
jonica Parr. Cefalonia.
Kreglingeri Zel. Maura.
contaminata Z. Cefalonia.
lactea Z. Cefalonia.
muraria Parr. Griech. Inseln.
* castrensis Parr. Corfu.
Schuchi Voith. Morea.
messenica Mart. Morea.
* maculosa Desh. Morea und griech. Inseln.
Massenae Pot. et Mich. Griechenland.
* grisea Desh. Morea.

Ausserdem gehören von lebenden Arten zur Section Albinaria v. Vest die mir zur Zeit noch gänzlich unbekannten:

alba K. Dalmatien.
colorata K. Dalmatien.
compressa Pfr. Cerigo.
distans Pfr. Creta.
eburnea Pfr. Creta.
extensa Pfr. Creta.
glabella Pfr. Creta.
glabricollis Parr. Acarnanien.

gonios‍toma K.
Grayana Pfr. Cerigo.
var. epirotica Mouss. Epirus.
nivea Pfr. Euboea.
puella Pfr. Griechenland.
rudis Pfr. Creta.
soluta K. Dalmatien.
striata Pfr. Creta.
strigata Pfr. Creta.
tenuicostata Pfr. Creta.
turrita Pfr. Creta, Siphanto.
virginea Pfr. Creta.
virgo Mouss. Cypern.
zebriola K. Dalmatien.

Von fossilen Clausilien nähert sich dem Formenkreis der rechts-gewundenen Arten dieser Section, nämlich Cl. Voithi Rssm., Menelaos Mart. und Agesilaos Mart., noch am meisten:

†† 27) **Clausilia (? Albinaria) crenata Sandberger.**
Sandberger, Vorwelt S. 231, Taf. XIII., Fig. 19 und 19a.

Im Ober-Eocän von Buxweiler i. Els.

Eine leider nur in Bruchstücken bekannte rechts-gewundene Species, von der die glatte knopfförmig verdickte Anfangs- und 7 weitere, äusserst flach gewölbte, grobgerippte Windungen erhalten sind, die mir eher hierher als zu den theilweise ebenfalls links-gewundenen Sectionen Alopia oder Cristataria zu passen scheinen.

Sect. XVI. Carinigera v. Möllendorff.

Malakozool. Blätter, Bd. XXI., 1873, S. 141; Kobelt, a. a. O., S. 29.

Diese interessante, schwer classificierbare Gruppe, die mir durch Herrn Dr. Kobelt's Güte in 2 Originalexemplaren der einzigen bis jetzt bekannten Art vorliegt, nähert sich im Schliessapparat nicht bloss Cristataria v. Vest, wie Herr v. Möllendorff ganz richtig hervorhebt, sondern auch der Gruppe der Cl. grisea Desh. von Albinaria, im Habitus dagegen und in Form und Stellung des Clausiliums unseren ersten Gruppen von Papillifera. Die Section dürfte daher am besten und ohne besonderen Zwang zwischen beiden, in unmittelbarer Nähe von Cl. isabellina Pfr. einzureihen sein.

Fossil ist sie unbekannt. Von lebenden Arten gehört hierher nur:
* eximia Mlldff. Ostserbien.

Sect. XVII. Papillifera m.

Ich ziehe zu dieser Section ausser Isabellaria v. Vest (Verhandl. etc., S. 188) noch eine Reihe von kleinen, meist griechischen Gruppen, die den Uebergang von Albinaria zu den achten Papilliferen im Sinne v. Vest's vermitteln und meiner Ansicht nach so allmählich zu ihnen hinführen, dass an eine Lostrennung derselben etwa zu einer eigenen Section, in der Cl. isabellina Pfr. den Mittelpunkt bilden würde, nicht gut zu denken ist. So scheint mir auch Cl. thermopylarum Pfr., die Herr C. Ag. Westerlund in neuester Zeit (Nachrichtsbl. d. d. Malakozool. Ges., 1875, S. 83) wieder zur Section Delima zurückerobern möchte, ein unzweifelhaftes Glied in unserer Kette negropontina-saxicola.

Fossile Species dieser Section sind noch nicht gefunden. Ich ordne die mir bekannten lebenden Formen von Papillifera in folgender Weise:

a. Gruppe der Lampedusae Calc. (Lampedusa m.).

* Lampedusae Calc. Lampedusa.
var. pallidescens Z. Lampedusa.

b. Gruppe der isabellina Pfr. (Isabellaria v. Vest erweitert).

Mondfalte neben der Subcolumellarlamelle endend (ausnahmsweise sogar bei der typischen isabellina Pfr.) oder mit ihr verschmelzend; Principalfalte vorhanden.

* syracusana Phil. Sicilien.
oscitans Fér. (= * intrusa Parr.). Malta.
* isabellina Pfr. Athen. Aegina.
* osculans Mart. Attica.
* thebana Mart. Boeotien.

c. Gruppe der venusta A. Schm. (Venusta m.). Principalfalte fehlt.

* Blanci Mart. Boeotien.
* venusta A. Schm. Macedonien.

d. Gruppe der graeca Pfr. (Graeca m.).

Mit schwindender Oberlamelle und hoher halbkreisförmiger Unterlamelle.
graeca Pfr. Corinth.

e. Gruppe der leucostigma Z. (Papillifera v. Vest).

1) Formenkreis der negropontina Pfr.

Aehnlich der vorigen Gruppe, aber mit der Mondfalte der typischen Papilliferen.
* negropontina Pfr. Euboea.
anguina Parr. Euboea.

Hierher wahrscheinlich noch die mir unbekannten Arten:
Charpentieri Pfr. Euboea.
Hanleiana Pfr. Euboea.
lunellaris Pfr. Euboea.
sericata Pfr. Euboea.

2) Formenkreis der saxicola Parr

* thermopylarum Pfr. Macedonien.

* perplana n. sp.*). Macedonien.

---

boeotica K. Boeotien.

Krüperi Zel. Griechenland.

---

clandestina Parr. Boeotien.

var. minor A. Schmidt. Boeotien.

* saxicola Parr. Griechenland.

* var. major m. (= patula Chpr.). Griechenland.

* rubicunda K. Griechenland.

suturalis K. (= rubicunda Roth). Attica.

aperta K. Attica.

3) Formenkreis der leucostigma Z.

* leucostigma Z. (= * avezzana Rigazzi). Apennin.

* var. opalina Z. Apennin.

* var. candidilabris Porro (= * vestina Tiberi). Apennin.

var. samnitica Rssm.

var. minima A. Schm. Fondi. Gaeta.

flava K. Dalmatien.

impura K. Dalmatien.

* cinerea Phil. Neapel.

* var. candidescens Z. Abruzzen. Sicilien.

var. minor A. Schm. Abruzzen

4) Formenkreis der solida Drap.

* vallata Mouss. Epirus.

* solida Drap. Küsten des tyrrhen. Meeres.

* var. monilifera Parr. Corfu.

var. mofellana Parr.

var. cajetana Rssm. Gaeta.

*) **Clausilia perpiana n. sp.** (Taf. IV, Fig. 48). Peraffinis Cl. thermopylarum Pfr., sed minor, anfractibus 9, apparatu claustrali magis protracto, lunella superne parum angulatim nec hamiformi-recurvata, uti in Cl. saxicola Parr. in dorso sita, substricta. Plica suturalis unica longior satis distincta, postice callosa, albida ibique cum plica principali valida, antice callosa, juncta. Periomphalum parvum; cervix valde depressus; peristoma expansissimum, calloso-labiatum. Lamella infera valde modo literae S torta, altior basique peristomati multo magis approximata quam in Cl. thermopylarum Pfr. Alt. 18 mm., lat. 4¾ mm. Alt. apert. 4½ mm., lat. apert. 4 mm. — Macedonien (von Herrn W. Schlüter in Halle bezogen), 1 Expl. — Durch die angegebenen Merkmale leicht von ihrer einzigen lebenden Verwandten, die ich zum Vergleiche in Taf. IV, Fig. 47 habe abbilden lassen, zu unterscheiden.

* bidens L. Italien. Dalmatien, Griechenland.
* var. virgata Jan. Italien. Dalmatien.
var. sulcitana Géné. Sardinien.
brevissima Benoit. Sicilien.
var. Collinii Westerl. Sicilien.
* affinis Benoit. Sicilien.

Von mir unbekannten Arten gehört zu Papillifera noch rufocincta K.

---

† Sect. XVIII. Dilataria v. Möllendff. (erweitert).

Nachrichtsbl. d. d. Malakozool. Ges.. 1875, S. 24 u. f.

Ausser der von v. Möllendorff mit Recht hier eingereihten Gruppe der Cl. diodon Stud. möchte ich auch den Kreis der Cl. tenuilabris Rssm. noch in diese Section hereinziehen, eine Art, die mir leider unbekannt geblieben ist, die aber nach A. Schmidt (System d. europ. Clausilien, S. 159) in nächster Beziehung zum Formenkreis der Cl. succineata Z. stehen muss.

Fossil ist nur eine Art dieser Section gefunden worden. Ich ordne die mir bekannten Species von Dilataria in folgender Weise:

a. Gruppe der tenuilabris Rssm. (Banatica m.)
tenuilabris Rssm. Banat.

b. Gruppe der succineata Z. (Dilataria v. Vest.)
* pirostoma n. sp. *). Croatien.
* succineata Z. Tirol. Kärnthen. Krain, Croatien.
* var. gracilis Zel. Croat. Militärgränze.
var. tenuis Brus.
var. substriata Z. (= * striaticollis Parr.) Croatien.
* var. croatica Zel. (= * nympha Parr.) Croatien.
var. compacta Z.
raricosta n. sp. **). Croatien.

*) **Clausilia pirostoma n. sp.** Testa peraffinis Cl. succineatae Z., sed multo major, solidior, obsolete costulato-striata, costulis rarioribus; anfractibus 11, ultimo antice late costulato, perioniphalo albo. Apertura satis obliqua, piriformis, superne acuta, sinulo peranguste, margine columellari substricto, marginibus externis valde incrassato-labiatis. Lamella supera recta, subcolumellaris non perspicua; plicae palatales superae tres postice aequa longitudine, quarum superiores suturales satis longae, infera principalis minor, sed triplo aut quadruplo principalem Cl. succineatae superans. Alt. $16^{1/2}$ mm., lat. $3^{1/4}$ mm. Alt. apert. 4 mm., lat. apert. 3 mm. — Croatien, in 5000' Meereshöhe. Diese prachtvolle, zweitgrösste Art (die grösste succineata var. croatica Zel. zeigt nur 14 mm. Länge) des Formenkreises, die sich durch die angegebenen Eigenthümlichkeiten gut von schlanken Formen der in Gestalt und Farbe ähnlichen succineata typus unterscheiden lässt, wurde von Herrn Stud. Michael Stossich auf dem Risniak entdeckt und mir von Herrn Prof. Stossich in Triest freundschaftlichst mitgetheilt.

) **Clausilia raricosta n. sp. Testa aff. Cl. Marcki Zel., sed multo major, ventrioso-fusiformis, apice peracuto, rufocerasina, satis diaphana; anfractus $10^{1/2}$ citius crescentes, suturis crenulatis albofilosis disjuncti, costulati, costulis distantibus acutis, superne albidis, ultimus satis altus, costis peracutis, filiformibus, albidis, prope aperturam haud callosis ornatus. Apertura

* Marcki Zel. Croatien.
* pulchella Pfr. Croatien.
* Dazuri Zel. Croatische Militärgränze.
capillacea Rssm. Dalmatien, Croatien.
var. Spiersi Zel.
var. Kirkmari Zel.

† c. **Gruppe der diodon Stud.** (Charpentieria Stabile).
diodon Stud. Schweiz, Piemont.
* Thomasiana Chpr. Piemont.
* var. verbanensis Stab. Piemont.
* alpina Stabile. Piemont.
*†† perforata n. sp. Unter-Miocän. Nordböhmen.

Ich glaube — trotzdem dass mir das Clausilium der fossilen Art noch unbekannt ist — keinen Fehler zu begehen, wenn ich in die bislang lebend nur durch die wenigen genannten Arten vertretene Section folgende im Unter-Miocän vorkommende Species einreihe:

***†† 28) Clausilia (Dilataria) perforata n. sp.**
(Taf. II, Fig. 25 a—f).

Boettger. Revis. etc. in Jahrb. d. K. K. geolog. Reichsanst., Wien 1870, Bnd. XX., S. 292 (Cl. tenuisculpta non Reuss); Sandberger. Vorwelt S. 435 (Cl. tenuisculpta Rss. ex parte).

Die vorliegenden Bruchstücke lassen auf eine kleine, schlank spindelförmige mit punktförmigem Nabel und spitzem Gewinde versehene Art schliessen, deren anfangs schwach gewölbte Umgänge schliesslich fast flach zu nennen sind. Dieselben erscheinen anfangs glatt und glänzend; später erst bedecken sie sich mit sehr feinen, gedrängt stehenden, geradlinigen, schiefgestellten Anwachsstreifchen, die auf der letzten Windung schärfer ausgeprägt erscheinen und vor der Mündung mit einigen stärkeren Rippchen abzuwechseln pflegen. Dieser letzte Umgang ist zudem mit einem nicht sehr scharfen, den Nabel umgürtenden, der Naht parallelen, auch nach oben durch eine Längsdepression abgegränzten Nackenwulst versehen, der an den von Cl. strumosa Friv. erinnert. Die fast rein ovale, nur wenig eckige, verhältnissmässig sehr schmale Mündung steht gerade auf dem letzten Umgang und zeigt einen zusammenhängenden, losgelösten, nur an der Spindelseite ange-

magna, recta, regulariter ovata; peristoma patulum, expansum, acutum, reflexiusculum, labio lato albo munitum; lamella supera majore, marginali; subcolumellari submersa. Plicae suturales duae, aequales, perspicuae; principalis mediocris. Alt. 17—19 mm., lat. 3¾—4¼ mm. Alt. apert. 4½—5 mm., lat. apert. 3—3½ mm. — **var. emarginata m.** Peristoma superne valde solutum, margine columellari sinuato aut emarginato, valde protracto. Alt. 17½—18 mm., lat. 3½—3¾ mm. Alt. apert. 4—4½ mm., lat. apert. 2¾—3 mm. — Velebitgebirge in Croatien, zahlreich; die Varietät in zwei Stücken vom Sveti Berdo (Mte. Santo) im Velebit. Von Herrn Prof. Ad. Stossich in Triest entdeckt und mir gleichfalls mitgetheilt. — Von der in der Grösse wenig nachstehenden pirostoma m. durch die schärfere Costulierung, die weit schneller anwachsenden Umgänge, die mehr bauchige Totalgestalt, die kürzere Principalfalte und den scharfen, nicht wulstig-gerundeten Mundsaum gut unterschieden, von Marcki Zel. durch die bedeutende Grösse, die schlankere Totalgestalt und die stets randständige Oberlamelle, sowie durch die länger eiförmige Mündung zu trennen. Auch hat peristoma gewöhnlich einen ganzen Umgang mehr, Marcki Zel. aber eine Windung weniger als in Rede stehende Art.

drückten und verdickten, sonst schwach umgeschlagenen und deutlich gelippten Mundsaum. Die nicht vollkommen randständige, schmale, aber erhabene, in der Tiefe nahe dem Anfang der niedergedrückten Spirallamelle endigende Oberlamelle steht auffallend schief; die lange Unterlamelle erscheint fast wie eine Doppelfalte, setzt ziemlich steil nach oben tief in die Mündung hinein, ist in ihrer Mitte etwas concav und endigt unten am Mundsaum in ein starkes Knötchen; die Subcolumellarlamelle steigt fast gerade nach aufwärts. Auch sie bildet wie die Unterlamelle auf dem Peristom eine sehr scharf markirte, eckig heraustretende Falte. Eine starke Principalfalte, welche nicht ganz parallel mit der Naht sich nach hinten etwas abwärts biegt, lässt sich bereits vorn in der Mündung erkennen und reicht nicht sehr tief in dieselbe hinein. Dicht unter ihrem hinteren Ende bemerkt man eine rudimentäre, durch ein kurzes, ihr nahezu paralleles Fältchen angedeutete erste Gaumenfalte und noch weiter unten ein ähnliches, aber noch weniger deutliches Rudiment einer unteren Gaumenfalte. Eine Mondfalte fehlt.

Grösse. Alt. apert. 2.8 mm., lat. apert. 2 mm.

Fundort. Ich kenne diese Species nur in 3 Bruchstücken, nämlich in zwei vollständigen Mündungen (meine und Dr. C. Schwager's Sammlung) und einer Spitze mit 5 Umgängen (Schwager) aus dem untermiocänen Landschneckenkalk von Tuchoritz in Nordböhmen.

Foss. Verw. Diese früher von mir mit der mir damals noch unbekannten Claus. (Constricta) tenuisculpta Rss. von der gleichen Lokalität verwechselte Art (vergl. das bei Besprechung dieser gesagte S. 41) ist nach Grösse und Gestalt eine wol charakterisierte selbstständige Art. Cl. perforata unterscheidet sich von ihr u. a. durch die geringere Grösse, das fein genabelte Gehäuse, den anders geformten Nackenwulst, die fast glatt zu nennende Schale und die Form der Lamellen.

Leb. Verw. Cl. (Dilataria) Thomasiana var. verbanensis Stabile aus Piemont, die ich aus Kobelt's und Clessin's Sammlung direkt vergleichen kann, steht der fossilen Form sehr nahe, ist aber um etwa ein Drittel grösser, der Querkiel vor der Mündung ist nicht so ausgesprochen wie bei perforata, die Mündung ist weniger in die Länge gezogen, die Oberlamelle nicht randständig, und besonders fehlt das starke Knötchen an der Basis der Unterlamelle gänzlich. In der Form von Unter- und Subcolumellarlamelle nähert sich die kleine Art auch schon manchen Phaedusen, namentlich der Untersection Megalophaedusa, sodass ihre Stellung am Ende von Dilataria gewissermassen als Uebergangsglied zur Section Phaedusa sehr passend erscheinen dürfte.

— —

† Sect. XIX. Phaedusa H. et A. Adams.

Albers' Heliceen. II. Ausg. von E. v. Martens. 1860, S. 274.

So natürlich uns im grossen und ganzen die Section Phaedusa mit ihren auf Asien und zwar fast ausschliesslich auf Süd- und Ost-Asien beschränkten zahlreichen Vertretern erscheinen mag, so wenig feststehend sind doch in Wahrheit ihre Schalencharaktere. Schon v. Vest hat das richtig erkannt, indem er auf S. 189 seiner öfters citierten Arbeit Cl. pluviatilis Bens. (= Largillierti Phil.) hiervon ausgeschieden und eher zu Alinda gestellt wissen will, mit welcher Section sie die zwei ungleichlangen Gaumenfalten *),

*) Die ächte Cl. pluviatilis Bens. hat unter der langen Principalfalte nur ein ganz schwaches, von dem Oberende der Mondfalte rückwärts laufendes erstes Gaumenfältchen, das nicht gut mit der ganz anders gestellten ersten wahren Gaumenfalte von Alinda verglichen werden kann.

die schiefe, gestreckte, unten mit einem Vorsprung (?) endende Unterlamelle und das gelbliche, fein gerippte Gehäuse gemein habe, von derselben aber wieder durch die sehr stark vortretende Spindelfalte abweiche. Wenn ich auch nach dieser Beschreibung glauben muss, v. Vest habe gar nicht die wahre Cl. pluviatilis Bens. vor sich gehabt, so unterliegt es doch keinem Zweifel, dass er eine ächte Phaeduse im weiteren Sinne charakterisiert, die nicht in den Rahmen der für die Section typischen Cl. shangaiensis Pfr. hineinpassen wollte.

Albers gibt a. a. O., S. 274 für Phaedusa folgende kaum mehr genügende und durch bedenkliche „vel" und „plerumque" gezierte Diagnose:

„Lunella nulla vel obsoleta; plicae palatales plures, suprema elongata; lamella spiralis plerumque disjuncta. Testa laevigata, plus minusve solida, lutescens vel rufo-cornea, anfractu ultimo basi rotundato".

v. Vest fügt dem noch verbessernd bei: „Spirallamelle von der Oberlamelle getrennt; letztere bis zum Mundsaum reichend." Beides ist aber für eine grosse Zahl von Arten entschieden falsch und daher keine Verbesserung. Und dann weiter: „Clausilium einfach, stumpf abgerundet. Unterlamelle concav oder gestreckt."

Sehen wir nun im einzelnen zu.

Mondfalte. Viele Phaedusen, wie Cl. arakana Theob., asaluensis Godw.-Aust., Belcheri Pfr., brevior Mart., claviformis Pfr., cornea Phil., corticina v. d. Busch, eurystoma Mart., filicostata Stol., ferruginea Blanf., fusiformis Blanf., Gouldi Ad., Gouldiana Pfr., Hilgendorfi Mart., insignis Gould, Junghuhni Phil., monticola Godw.-Aust., Moritzi Mouss., obesa Mart. und penangensis Stol. — sämmtlich nach Pfeiffer, v. Martens u. a. — sowie Cl. chinensis Pfr., Cumingiana Pfr., cylindrica Gray, ducalis Kob., Heldi K., Hickonis n. sp., japonica Crosse, javana Pfr., interlamellaris Mart., loxostoma Bens., moluccensis Mart., Swinhoei Pfr., sumatrana Mart., valida Pfr., validiuscula Mart., vasta n. sp., viridiflava n. sp. und yokohamensis Crosse, die ich selbst zu untersuchen Gelegenheit hatte, besitzen allerdings keine Spur einer Mondfalte.

Bei einer zweiten Abtheilung ist die Lunelle äusserlich nicht sichtbar, also wol meistens obsolet. Dahin gehören nach Pfeiffer u. a.: Cl. Bernardi Pfr., Cecillei Pfr., decussata Mart., excellens Pfr., orientalis v. d. Busch, proba A. Ad. und subgibbera n. sp. Eine unvollkommene Lunelle zeigen weiter nach Pfeiffer u. a.: Cl. Bensoni H. Ad., borneensis Pfr., cambojensis Pfr., cochinchinensis Pfr., formosensis H. Ad., lirulata A. Ad., nodulifera Mart., pinguis A. Ad., spreta A. Ad., stenospira A. Ad. und nach meinen Beobachtungen ausserdem noch aculus Bens., digonoptyx n. sp. und tau n. sp. Eine deutliche Mondfalte endlich besitzen nach Pfeiffer, v. Martens u. a.: Cl. Buschi K., excurrens Mart., Martensi Herkl., Mouhoti Pfr., Schwaneri Herkl., Sheridani Pfr. und similaris H. Ad. Ausserdem konnte ich eine solche auch bei Cl. attrita n. sp., aurantiaca n. sp., bilabrata Edg. Sm., expansilabris n. sp., hyperolia Mart., Joes Bens., perlucens n. sp., platyauchen Mart., platydera Mart., pluviatilis Bens., ptychochila n. sp., Sieboldi Pfr. und strictaluna n. sp. constatieren, während ich in Uebereinstimmung mit v. Martens das Vorkommen einer Mondfalte bei Cl. shangaiensis Pfr. nach den von mir untersuchten zahlreichen, theilweise aufgebrochenen Exemplaren entschieden bezweifeln muss. Es ist dies gewiss eine stattliche Anzahl von Formen, welche eine Correktion des Ausdrucks „lunella nulla vel obsoleta" nothwendig machen.

Mehrere Gaumenfalten. Ohne mich auf weitere Détails einzulassen, will ich hier nur constatieren, dass eine ganze Zahl von Phaedusa-Arten nur die Principalfalte und gar keine ächten Gaumenfalten besitzt. Dahin gehören nach meinen schon mehrfach erwähnten Gewährsmännern: Cl. borneensis Pfr., Gouldi A. Ad., lirulata A. Ad., Lorraini Mke., Martensi Herkl., nodulifera Mart., pinguis A. Ad., Schwaneri

Herkl., Sheridani Pfr., spreta A. Ad., stenospira A. Ad. und Stimpsoni H. Ad., sowie nach eigenen Untersuchungen perlucens n. sp. und hyperolia Mart., die sogar ausser einer tiefliegenden undeutlichen Suturalfalte nicht einmal die Principalfalte aufzuweisen hat. Cl. Swinhoei Pfr., die der Autor auch in dieser Kategorie aufführt, hat dagegen sechs sehr deutliche strichförmige Gaumenfalten. — Das ist doch gewiss auch wieder eine stattliche Zahl, die den Charakter „plicae palatales plures" illusorisch macht.

Spirallamelle meist getrennt. Von den mir zu Gebote stehenden Arten dieser Section zeigen nur Cl. pluviatilis Bens. in den wenigen Stücken, die ich zu untersuchen Gelegenheit hatte, Sieboldi Pfr. und shangaiensis Pfr. eine deutlich getrennte Spirallamelle, während Cl. aculus Bens., aurantiaca n. sp., brevior Mart., chinensis Pfr., corticina v. d. Busch, Cumingiana Pfr., decussata Mart., digonoptyx n. sp., ducalis Kob., expansilabris n. sp., Heldi K., japonica Crosse, interlamellaris Mart., Joes Bens., Junghuhni Phil., loxostoma Bens., perlucens n. sp., platydera Mart., ptychochila n. sp., strictaluna n. sp., subgibbera n. sp., sumatrana Mart., Swinhoei Pfr., tau n. sp., valida Pfr., validiuscula Mart., vasta n. sp., viridiflava n. sp. und yokohamensis Crosse vollkommen durchlaufende Spirallamelle besitzen. Cl. Hilgendorfi Mart. aber — wahrscheinlich ähnlich wie meine Stücke von cylindrica Gray und moluccensis Mart. — als mit lamella spiralis subcontinua versehen angegeben wird. Meine Exemplare von bilabrata Edg. Smith, Hickonis n. sp., hyperolia Mart. und platyauchen Mart. zeigen dagegen theils lamella spiralis continua theils disjuncta, ja zwei Stücken der letztgenannten Art scheint sogar die Spirallamelle ganz zu mangeln. Auch der Cl. javana Pfr. fehlt, wie ich glaube, die Spiralis; bei Sieboldi Pfr. ist sie dagegen nur wegen ihrer tiefen Lage im Innern der Mündung nicht sichtbar. — Nach alledem dürfte somit der an die Spitze dieses Absatzes gestellte Ausdruck „Spirallamelle meist getrennt" besser in „Spirallamelle meist durchlaufend" umzukehren sein.

Oberlamelle randständig. Auch davon gibt es wenn auch spärlichere Ausnahmen. Solche sind ducalis Kob., filicostata Stol., Martensi Herkl. und yokohamensis Crosse, deren obere Lamelle deutlich mehr oder weniger weit vom oberen Mundsaum entfernt endigt. Auch die Gruppe der Cl. javana Pfr. zeigt nicht ganz randständige Oberlamelle.

Wir erkennen aus alledem, dass die Adams'sche Section Phaedusa ein buntes Gemisch von Arten enthält, die nur in Farbe, Sculptur, Nackenform und in der fast immer durchlaufenden Spirallamelle einander nahestehen und daher im Habitus leicht erkannt werden können, in Bezug auf die maassgebenden inneren Falten aber so verschieden sind, dass eine Sonderung derselben in natürliche Sectionen dringend noth thut. Ein wesentlicher Charakter für die Gruppe Phaedusa dürfte endlich noch der sein, dass die Subcolumellarlamelle nach innen sehr früh ausläuft, meist weit vor dem Hinterende der tiefer ins Gehäuse ziehenden Unter- und Spirallamelle. Doch kenne ich auch von dieser gewiss auffallenden Organisation eine Ausnahme, nämlich Cl. hyperolia Mart.

Warum man die einzelnen einander näher stehenden Arten nicht früher schon in Gruppen zu vereinigen suchte, ist eine Frage, deren Beantwortung sich leicht von selbst ergibt. Es hatte eben bis jetzt niemand Gelegenheit, eine grössere Anzahl dieser meist seltenen und nur in wenigen Exemplaren bekannten Arten neben einander zu untersuchen . . . In neuerer Zeit hat meines Wissens nur von Martens (Jahrb. d. d. Malakozool. Ges., Bd. III., 1876, S. 360) den Versuch gemacht, wenigstens die zahlreichen japanischen Formen von Phaedusa naturgemäss zu gruppieren, eine Zusammenstellung, der auch ich in mancher Beziehung folgen konnte. Leider ist mein Material noch nicht gross genug, um daraufhin eine Classification der gesammten artenreichen Formengruppe zu basieren. Ich glaube aber, es kann in einem so wenig angebauten Felde nichtsdestoweniger nur nützen, wenn auch ich, gestützt ausserdem noch auf Beobachtungen an fossilen Formen, durch die folgenden Andeutungen zu einer naturgemässeren Eintheilung der Section Phaedusa im weiteren Sinne mein Schärflein beitrage.

Ich will desshalb abweichend von meiner Behandlung des Gegenstandes bei den früher erwähnten Sectionen hier eine etwas ausführlichere Charakterisierung auch der lebenden Gruppen und Untergruppen einflechten und zugleich meine Beobachtungen an fossilen und lebenden Arten vereinigt vorführen.

Vorher aber sei noch besonders hervorgehoben, dass bei dieser Section eine einseitige Eintheilung nach den Charakteren der Spirallamelle ebensowenig wie nach dem Vorhandensein oder Fehlen einer Mondfalte Aussicht hat, eine natürliche genannt zu werden, da, wie ich oben schon beiläufig erwähnt habe, in dieser Gruppe Arten auftreten, die manchmal lamella spiralis conjuncta und manchmal disjuncta besitzen, und da die Ausbildung der Mondfalte ebenso den mannichfachsten Wandlungen unterworfen ist und sogar bei der einzelnen Species sehr variabel zu sein scheint.

a. Gruppe der shangaiensis Pfr. (Euphaedusa m.).

Char. Clausilium latissimum, subquadratum, subtus parum dilatatum, denique retroversum, et media parte acuminatum. Plica principalis longa, plica palatalis superior cum lunella obsoleta aut interrupta aut perfecta parva, subtus ramulum retrorsum mittente, semper connexa. Lamella supera marginalis, subverticalis, infera plus minus spiraliter intrans, superae approximata, subcolumellaris plus minus immersa. Apertura subverticalis, marginibus callosis. Testa parva, anfractibus convexis, suturis profundis, tenuis, plerumque nitida, cornea, laevis aut striata aut costulata.

Das Clausilium ist auffallend breit, oft fast quadratisch mit nach unten etwas divergierenden Seitenrändern, unten stark nach hinten umgebogen und in der Mitte zu einer stumpfen Spitze zusammengezogen. Unter der langen Principalfalte steht eine meist kleine obere Gaumenfalte, die stets mit der rudimentären oder unterbrochenen oder kleinen, in seltenen Fällen ganz fehlenden Mondfalte, welche an ihrem Unterende einen kleinen Ast nach hinten absendet, zusammenhängt. Die Oberlamelle ist randständig und fast senkrecht gestellt, ihr Verhältniss zu der auffallend tief ins Innere des Gehäuses eindringenden Spirallamelle wechselnd; die Unterlamelle der oberen Lamelle genähert, mehr oder weniger spiralförmig gedreht; die Subcolumellarlamelle nicht oder nur bei schiefem Einblick in die Mündung sichtbar. Die Spirallamelle reicht an ihrem hinteren Ende tiefer in die Mündung als das Innerende der Unterlamelle. Die fast senkrechte, gewöhnlich birnförmige Mündung hat stark verdickte, callöse Ränder. Die kleine Schale zeigt gewölbte Umgänge, tiefe Nähte, ist meist dünnwandig und glänzend, gewöhnlich hornfarbig, glatt oder gestreift, selten fein gerippt.

1) Formenkreis der Joes Bens.

Mit mehr oder weniger deutlicher, geradliniger oder wenig gebogener Mondfalte. Unterlamelle schwach ausgebildet, innen nur wenig gedreht; Subcolumellarlamelle fast immer versteckt. Gehäuse opak, gestreift oder gerippt.

* subgibbera n. sp.*) Japan.
Waageni Stol. Himalaya.

*) **Clausilia subgibbera n. sp.** Testa non rimata, regulariter fusiformis, solida, substriata, cereo-nitida, epidermide flavescenti-alba; spira elongata, vix concavo-producta, apice acuto. Anfractus $11\frac{1}{2}$, parum convexi, suturis profundis disjuncti, ultimus pone aperturam gibbero-inflatus, humilis, modo $\frac{1}{5}$ omnis altitudinis aequans, obsolete costulatus. Apertura minima, parum obliqua, rotundato-rhomboidea, sinulo rotundato, parum alto. Peristoma continuum, solutum, superne vix sinuatum parumque protractum, parum expansum, reflexum, satis incrassatum, albescens. Lamella supera intus alta, triangularis, cum lamella

* Joes Bens. Himalaya.
bacillum Bens. Indien.
* expansilabris n. sp. *). Japan.
* var. strophostoma m. Japan.
* var. nana m. Japan.

Zu diesem Formenkreis oder doch in dessen unmittelbare Nähe scheinen auch Cl. proba A. Ad. und spreta A. Ad. aus Japan und * loxostoma Bens. aus Bengalen zu gehören, welch' letztere mir leider im Augenblick nicht mehr zur Verfügung steht.

2) Formenkreis der shangaiensis Pfr.

Mondfalte unterbrochen oder ganz fehlend. Glänzende, hyaline, sehr fein gestreifte Arten mit sehr gewölbten Umgängen und einfacher, tiefer Sutur. Subcolumellarlamelle versteckt, selten bei geradem Einblick sichtbar.

* digonoptyx n. sp. **). Japan.
* tau n. sp. ***). Japan.

---

spirali continua, marginalis; infera remotissima, subverticalis, in profundo superne angulo obtuso lamellam validam retro mittens; subcolumellaris debilis, emersa. Plica principalis profunda, non perspicua, palatales lunellaque nullo modo perspiciendae. Alt. $14\frac{1}{2}$ mm., lat. $3\frac{1}{2}$ mm. Alt. apert. 3 mm., lat. apert. $2\frac{1}{4}$ mm. — Japan, von Herrn Dr. W. Kobelt unter der Etiquette „Cl. Gouldi Ad. Japan" zur Untersuchung erhalten: 1 Exemplar. — Durch den niedrigen letzten buckelig-aufgeblasenen Umgang und die eigenthümliche, äusserlich obsolete und erst tief im Innern und hoch oben als scharfe Falte sichtbare Unterlamelle sehr ausgezeichnet. Die Form der Unterlamelle hat gewisse Aehnlichkeit mit der von strictaluna n. sp., von welcher unsere Art sich jedoch schon durch die geringe Höhe des letzten Umgangs leicht unterscheidet.

*) **Clausilia expansilabris n. sp.** Testa subrimata, ventrioso-fusiformis, solida, substriata, parum nitida, albescenti-cornea; spira attenuata, apice peracuto. Anfractus 9—11 convexiusculi, suturis profundis disjuncti, ultimus attenuatus, vix inflatus, dense striatus. Apertura parva, recta, rotundato-piriformis, superne sinuata, subtus valde recedens, sinulo valde erecto; peristoma continuum, undique valde solutum, protractum, late expansum, reflexiusculum, incrassatum, labio concolore lato munitum. Lamella supera valida, obliqua, cum lamella spirali continua, marginalis; infera immersa, in profundo angulo recto ascendens, superne parallela; subcolumellaris immersa aut vix emersa. Plica principalis mediocris, conspicua, ultra lunellam parum producta; plica palatalis supera punctiformis cum lunella brevi, subtus saepe obsoleta, distincte arcuata, laterali connexa; palatalis infera nulla. Alt. $13\frac{1}{2}$—$17\frac{1}{2}$ mm., lat. $3\frac{1}{4}$—$3\frac{1}{2}$ mm. Alt. apert. 3 mm., lat. apert. $2\frac{1}{4}$ mm. 18 Exemplare.

var. strophostoma m. Apertura valde obliqua. Alt. 14 mm., lat. $3\frac{1}{2}$ mm. 2 Exemplare.

var. nana m. Anfractibus 9, tribus ultimis altioribus; apertura modice obliqua; plica palatali prima longiore. Alt. 11—12 mm., lat. 3 mm. 3 Exemplare.

Von Herrn Prof. Dr. J. J. Rein in Japan gesammelt und mir von Herrn Dr. W. Kobelt zur Bestimmung anvertraut.

) **Clausilia digonoptyx n. sp. Aff. Cl. aculus Bens., sed gracilior, apice acuto, apertura regulariter piriformi, superne vix sinuata, modice protracta. Lamella supera mediocris, validior quam in Cl. tau n. sp. et in aculus Bens.; infera a basi intuenti superne valde approximata, late arcuata; subcolumellaris omnino immersa. Plica principalis longa, plica palatalis supera obliqua, minima, cum lunella obsoleta, arcuata, subtus validiore ramumque parvum retrorsum mittente continua. Alt. 13 bis $13\frac{1}{2}$ mm., lat. $2\frac{2}{3}$—3 mm. Alt. apert. 3 mm., lat. apert. $2\frac{1}{4}$—$2\frac{1}{2}$ mm. — Japan, von Herrn Prof. Dr. J. J. Rein gesammelt und mir von Herrn Dr. W. Kobelt gütigst zur Untersuchung mitgetheilt. Etwa 50—60 Exemplare.

***) **Clausilia tau n. sp.** Testa subrimata, fusiformis, pellucida, nitida, subtiliter striata, obscure cornea; spira attenuata apice acuto, laevi. Anfractus $10\frac{1}{2}$ convexiusculi, suturis profundis disjuncti, ultimus pone aperturam subinflatus, regulariter costulato-striatus. Apertura obliqua, regulariter piriformis, sinulo erecto. Peristoma continuum, solutum, superne valde sinuatum et protractum, late expansum, reflexiusculum, parum incrassatum, album. Lamella supera humilis, obliqua, cum spirali continua, peristoma attingens; infera intus subfurcata, spiraliter recedens; subcolumellaris inferae proxima, parum conspicua, vix emersa. Plica principalis conspicua, longa, ultra lunellam satis producta; plica palatalis unica supera longior, postice cum principali convergens, media in parte cum lunella interrupta parum arcuata, subtus validiore ramumque parvum

* aculus Bens. *). China. Korea. Japan.
* shangaiensis Pfr. China.
* var. Möllendorffi Mart. China.

3) Formenkreis der moluccensis Mart.

Sehr schlanke, gestreifte oder rippenstreifige Arten mit papillierter Naht. Mondfalte rudimentär oder fehlend; eine schwache untere Gaumenfalte. Spirallamelle mitunter getrennt.

* Cumingiana Pfr. Philippinen.
* moluccensis Mart. Ternate. Halmahera.

† b. Gruppe der javana Pfr. (Pseudonenia m.).

Char. Clausilium acuminatum, aff. illo Cl. shangaiensis Pfr., sed lamina aliquantulum longiore, subtus magis dilatata. Plica principalis medioeris, plicae palatales aut plures aut nullae. Lunella plerumque deficiens aut obsoleta. Lamella supera obliqua, spiralis aut continua aut nulla, subcolumellaris (except. unica Cl. Heldi K.) immersa. Apertura magna, subtus protracta, margine columellari superne plus minus sinuato; peristoma expansum, reflexum. Testa paucispira, apice acuto, cornea, striata.

Das Schliessknöchelchen unten zugespitzt, dem der Cl. shangaiensis Pfr. ähnlich, aber mit etwas längerer und nach unten etwas mehr verbreiterter Platte. Die Principalfalte ist mässig lang, die Gaumenfalten an Zahl wechselnd oder gänzlich fehlend, die Mondfalte fast immer fehlend. Die obere Lamelle steht mehr oder weniger schief, mit der nicht immer vorhandenen Spirallamelle hinten verschmolzen, die Subcolumellarfalte mit Ausnahme von Cl. Heldi K. immer versteckt. Die Mündung ist gross, unten stark vorgezogen, der rechte Oberrand in der Gegend der Insertionsstelle der Oberlamelle stets mehr oder weniger eingebuchtet; der Mundsaum stark ausgebreitet und umgeschlagen. Das Gehäuse zeigt wenig Umgänge, meist scharfe Spitze und ist hornfarbig und mehr oder weniger fein gestreift.

---

retrorsum mittente, angulum literae γ graecae instar formans. Alt. 12½—15 mm., lat. 3—3½ mm. Alt. apert. 3½ mm., lat. apert. 2¾ mm. — Von Herrn Prof Dr. J. J. Rein bei Kioto in Japan in Astlöchern von Waldbäumen in grosser Anzahl gesammelt (Tauschverein d. Malakozool Ges., dann in ca. 100 Expln. durch die Güte des Herrn Dr. W. Kobelt erhalten). — Vom Habitus der Cl. shangaiensis Pfr. — Differt a Claus. aculus Bens. colore obscuriore, apertura regulariter piriformi, superne valde sinuata et magis protracta; lamella supera humili, sed validiore, infera a basi intuenti non angulata, regulariter spirali, subcolumellari minus conspicua; plica principali longa, palatali supera multo longiore, media in parte cum lunella obsoleta, subtus validiore connexa.

*) Clausilia aculus Bens. Die Diagnose Küsters (Clausilien, S. 19, Taf. 1, Fig 25—27) passt ebensowenig wie die von Martens (Pfeiffer, Monogr. Helic., Bd. VI., S. 482) ganz scharf auf die mir vorliegende Art. Nichtsdestoweniger glaube ich die ächte Benson'sche Art — wenigstens in der v. Martens'schen Auffassung — unter Händen zu haben, da 9 Exemplare von Korea mit den Hunderten von Stücken von Nagasaki auf Nippon, die mir vorliegen, sehr gut übereinstimmen und die Art als in China, Korea und Japan verbreitet angegeben wird. Nach meinen Exemplaren würden zur Unterscheidung von den nahe verwandten Arten tau und digonoptyx noch folgende Phrasen in die Martens'sche Diagnose aufzunehmen sein: „Testa plus minus solidiuscula; apertura irregulariter late-piriformis, superne sinuata et parum protracta; lamellae parietales in fauce modice approximatae, supera fere obsoleta, infera a basi intuenti angulata, in profundo spiraliter recedens, pone marginem sicut subcolumellaris parum emersa evanescens. Principalis longa, palatalis unica supera oblique descendens mediocris cum lunella interrupta, subtus ramum parvum retrorsum mittente, connexa".

1) Formenkreis der chinensis Pfr.

Nahe verwandt dem Formenkreis der Cl. sumatrana Mart., aber schlanker, mit weniger schiefer Oberlamelle und durch die grobpapillierte Naht sich ungezwungen an den Formenkreis der moluccensis Mart. der vorigen Gruppe anschliessend. Decollierend.

chinensis Pfr. China.

Wahrscheinlich gehören hierher noch Cl. ferruginea Blanf. und asaluensis Godw.-Austen, beide aus Indien.

2) Formenkreis der sumatrana Mart.

Plica principalis longissima, conspicua; plicae palatales numerosae, lunella nulla. Lamella supera valde obliqua, interdum fere horizontalis, marginalis, cum spirali continua, inferae spiraliter intranti subparallela, subcolumellaris immersa. Apertura magna, subverticalis, ovalis, perverse auriformis, margine dextro superne sinuato, subtus protracta; peristoma late expansum, reflexum. Testa paucispira, ventrioso-fusiformis, apice acuto, valida, cornea, substriata.

* sumatrana Mart. Sumatra.

3) Formenkreis der Heldi K.

Plica principalis mediocris, plicae palatales duae mediae validae. Lunella nulla. Lamella supera marginalis, valde obliqua, cum spirali continua; infera ascendens, subfurcata, intus superae subparallela, extus subtruncata; subcolumellaris tenuis emersa, inferae proxima. Apertura magna subverticalis, piriformis, margine dextro superne sinuato, subtus protracta; peristoma expansum, reflexum. Testa paucispira, gracilis, fusiformis, suturis valde impressis, tenuis, cornea, striata.

Heldi K. Java.

†† 4) Formenkreis der contorta Boissy.

Testa elongato-conica, anfractibus 7, ultimo ¹/₄ omnis altitudinis aequante. Apertura maxima, obliqua, rhomboideo-ovata. Nur fossil in der folgenden Art bekannt:

†† 29) Clausilia (Pseudonenia) contorta Boissy.

De Boissy, Mém. d. l. Soc. Géol. d. France, II. Sér., Bnd. III., S. 278, Taf. V., Fig. 24; Deshayes, Descript. d. anim. sans vert. d. bass. d. Paris, Bnd. II., S. 867, Taf. LVI., Fig. 40—42; Sandberger, Vorwelt. S. 157, Taf. VII., Fig. 13 und 13 a.

Unter-Eocan von Rilly.

Sandberger vergleicht diese Art mit den auf Java lebenden Claus. (Acrophaedusa) cornea Phil. und Junghuhni Phil.; ich finde dagegen die Beziehungen zu Cl. (Pseudonenia) corticina v. d. Busch, ebenfalls von Java, besonders im Habitus des Gehauses noch entsprechender. Näher verwandt scheint sie aber mit keiner der bis jetzt bekannten lebenden Arten zu sein.

5) Formenkreis der javana Pfr.

Clausilium aff. illo Cl. shangaiensis Pfr., sed lamina aliquantulum longiore, subtus magis dilatata. Plica principalis mediocris, plica palatalis supera plerumque unica, valida. Lunella nulla aut obsoleta, lamella spiralis deficiens. Lamella supera obliqua, haud marginalis, subcolumellaris immersa. Apertura permagna, verticalis, subtus protracta, subovata, patens. Testa gracilis paucispira, cylindraceo-fusiformis, dense costulato-striata.

* javana Pfr. Java.
corticina v. d. Busch. Java.

6) Formenkreis der Sieboldi Pfr.

Clausilium breve, latum, subtus recurvum acuminatumque. Plica principalis parva, saepe haud conspicua, *lunella parva*, sed lata, stricta, *ab illa disjuncta*, subtus ramum retroversum mittens; plicae palatales aut *nullae* aut supera minima cum lunella connexa. Lamellae parvae; supera subverticalis; infera curvata, subhorizontalis, subtus subnodata, intus cito ascendens; subcolumellaris *immersa*; spiralis *profundissima*, disjuncta. Apertura magna, subquadrata, nec non superne protracta; peristoma continuum, expansum, late labiatum, reflexum. Testa paucispira, ventrioso-fusiformis, apice *acuto*, anfractu ultimo inflato-rotundato, valida, obscura, costulato-striata, sericina.

Inneres Ende der Spiral- und der Unterlamelle nahezu gleich tief ins Gehäuse hineinsetzend.

* Sieboldi Pfr. Japan.

c. Gruppe der valida Pfr. (Stereophaedusa m.).

Char. Clausilium *latissimum*, subtus recurvum, acuminatum. Plica principalis mediocris; plica palatalis supera et infera minores. Lunella nulla aut rudimentalis. Lamella supera cum spirali *continua*; infera *valde spiraliter torta*; subcolumellaris *emersa*. Apertura major, saepe protracta, subovalis. Testa gracilis, fusiformis, interdum decollata, valida, costulata aut striata.

Das auffallend breite Clausilium ist unten stark, oft fast rechtwinklig nach hinten gekrümmt und allmählich zu einer stumpfen, etwas verdickten Spitze zusammengezogen. Die Principalfalte ist mässig gross; darunter steht eine kurze nach vorn mehr oder weniger divergierende obere und unten eine zweite, der letzteren parallele und etwa gleichlange untere Gaumenfalte. An Stelle der fehlenden Mondfalte zeigt sich mitunter zwischen diesen beiden oben ein längliches Knötchen oder in der Mitte noch eine schwache weitere Gaumenfalte. Die Oberlamelle läuft in die Spirallamelle über; die Unterlamelle macht innen eine starke spirale Drehung; die Subcolumellarlamelle tritt mehr oder weniger stark heraus. Die Mündung ist ziemlich gross und häufig ähnlich der von Pseudonenia, das Gehäuse selbst aber meist dickschalig, mehr spindelförmig, mitunter decolliert und gewöhnlich stärker costuliert.

1) Formenkreis der japonica Crosse.

Lamina clausilii latissimi parum modo longior quam latior, apice acutissimo. Anfractus penultimus interdum valde inflatus, ultimus modice distortus. Apertura subtus non aut parum protracta. Haud decollata. — Mit noch breiterem Clausilium als bei Cl. *valida* Pfr., dessen Platte nur wenig länger als breit ist, was — wenigstens bei nipponensis Kob. — durch die abnorme bogige Ausbreitung des Gaumenrandes erzeugt wird, während der Spindelrand fast geradlinig verläuft und nur unten in einer nach hinten gekrümmten etwas verdickten Spitze endigt. Unterlamelle sich mit ihrem Ende weiter nach innen erstreckend als die Spirallamelle; inneres Ende der Subcolumellarlamelle schon lange vor dem Aufhören der beiden genannten Lamellen verschwindend, steil bogig abfallend.

Hilgendorfi Mart. Japan.
eurystoma Mart. Japan.
* japonica Crosse (= Kobensis Edg. Smith). Japan.
* var. nipponensis Kob. Japan.

2) Formenkreis der valida Pfr.

Clausilium valde retro curvatum, apice rotundato-acuminato. Apertura permagna, subtus valde protracta, late labiata. Decollata.

* valida Pfr. Liu Kiu, China.

d. Gruppe der yokohamensis Crosse. (Megalophaedusa m.).

Char. Clausilium satis angustum, linguaeforme, subtus attenuatum, canaliculatum, apice rotundato. Plica principalis mediocris; plicae palatales permultae, saepe punctiformes, lunellam obsoletam fingentes. Lamella supera obliqua, a margine plus minus recedens, cum lamella spirali continua, infera bifurcata, strictiuscula recedens; subcolumellaris emersa. Apertura subovalis: margines callo plus minus lato juncti, reflexi, labiati. Testa magna vel permagna, ventriosa, apice obtuso, rarius decollata, laevis, striata aut costulato-striata.

Das Clausilium ist ziemlich schmal, zungenförmig, nach unten deutlich verschmälert, rinnenförmig und zeigt eine vollkommen verrundete Spitze.

Die Principalfalte mässig lang; die wahren Gaumenfalten sehr zahlreich und oft punktförmig, mitunter zu einer undeutlichen Mondfalte zusammenfliessend. Die schiefe Oberlamelle nicht randständig, in die Spirallamelle ohne sichtbare Unterbrechung verlaufend. Unterlamelle steil nach oben ziehend, innen durch eine Furche tief gabeltheilig, ihr äusserstes Ende stets tiefer in das Gehäuse hineinziehend als das Hinterende der Spirallamelle; Subcolumellarlamelle immer vortretend. Mündung nahezu oval; die Ränder durch eine mehr oder weniger starke Schwiele vereinigt, zurückgeschlagen und gelippt. Gehäuse sehr gross, bauchig, mit sehr stumpfem Wirbel, nicht decolliert, glatt oder gestreift.

Diese interessante Gruppe zeigt, wie wir früher (S. 27 und 28) schon gesehen haben, manche Anknüpfungspunkte an die nur fossil bekannte Section Eualopia; aber auch die lebende europäische Section Uncinaria v. Vest hat in der Gestalt der Unterlamelle nicht zu übersehende Beziehungen zu ihr.

1) Formenkreis der yokohamensis Crosse.

Bauchige Arten mit meist nur durch schwachen Callus verbundenen Mundrändern. Unterlamelle an der Basis abgestutzt. Gestreift oder gerippt.

* vasta n. sp. *). Japan.
yokohamensis Crosse. Japan.
* var. Reiniana Kob. Japan.
Martensi Herkl. Japan.

*) Clausilia vasta n. sp. Affinis Cl. yokohamensis Crosse var. Reiniana Kob., sed dimidio minor, striis plus minus validis, regularibus ornata, cornea aut albido-cornea, anfractibus 10, ultimo magis inflato. Apertura oblique-ovalis, intus cornea aut albescens; peristoma callo distincto junctum, margine columellari plus minus angulatim protracto. Lamella supera submarginalis, infera ut in Cl. Reiniana Kob., subcolumellaris plus minus emersa. Sub plica principali loco lunellae deficientis palatales 4—5, quarum prima ultimaque longiores. Alt. 25—29½ mm., lat. 6½—7½ mm., Alt. apert. 6½—7½ mm., lat. apert. 4½—5½ mm.

2) Formenkreis der ducalis Kob.

Schlanke Formen mit unförmlich dickem Embryonalende. Mundsaum ununterbrochen. Unterlamelle an der Basis nicht abgestutzt. Glatt und glänzend, wie gefirnisst.

* ducalis Kob. Japan.

e. Gruppe der Swinhoei Pfr. (Formosana m.).

Char. Aff. subsect. Megalophaedusa m., sed lamella supera marginali, infera intus non furcata, strictiuscula oblique ascendens. Lamella subcolumellaris emersa aut immersa.

Verwandt unserer Subsection Megalophaedusa, aber mit randständiger Oberlamelle und anders gebildeter Unterlamelle. Dieselbe ist im Innern nicht gegabelt und steigt, weit von der Oberlamelle entfernt, aber ihr nahezu parallel, fast geradlinig schief nach aufwärts. Die Subcolumellarlamelle tritt oft bis an den Mundsaum, die zahlreichen Gaumenfalten sind deutlicher entwickelt, strichförmig.

1) Formenkreis der Swinhoei Pfr.

Lamella subcolumellaris emersa.

* Swinhoei Pfr. Formosa.
cambojensis Pfr. Cambodja.
formosensis H. Ad. Formosa.

2) Formenkreis der cochinchinensis Pfr.

Ut Cl. Swinhoei Pfr., sed lamella subcolumellari immersa.

borneensis Pfr. Borneo.
cochinchinensis Pfr. Cochinchina.

† f. Gruppe der Philippiana Pfr. (Oospira Blanford).

Char. Testa paucispira, plerumque modo 5—6 anfractibus, peculiariter magis minusve ovata, apice perobtuso. Lamella nulla; plicae palatales ut in Phaedusa (Blanford, Journ. asiat. Soc. of Bengal Bnd. XL. 2. 1871. S. 205 nach Pfeiffer).

†† 1) Formenkreis der sinuata Michaud sp.

Nur eine wahre Gaumenfalte unter der Principalfalte. Bis jetzt nur fossil in der folgenden tertiären bislang für eine Pupa angesprochenen Species:

†† 30) Clausilia (Oospira) sinuata Mich. sp. von K.

Act. Soc. Linn. d. Bordeaux, Bnd. X., S. 166, Fig. 4 (Pupa); Boissy, Mém. d. l. Soc. géol. d. France. II. Sér., Bnd. III., S. 274, Taf. V., Fig. 19 (Pupa); Deshayes. Descript. d. anim. s. vert. d. bassin d. Paris. Bnd. II., S. 853, Taf. LV., Fig. 16—18 (Pupa); Sandberger. Vorwelt S. 153, Taf. VII., Fig. 8 und 8a (Pupa sinuata et ex err. sinuosa).

Im untereocänen Süsswasserkalk von Rilly und Sézanne und in der oberen Abtheilung der Sables de Bracheux von Jonchery.

— Von Herrn Prof. Dr. J. J. Rein in Japan gesammelt und zwar 3 Stücke bei Seluchi zwischen Hiuga und Bugo, 3 Stücke bei Nagasaki auf Kiushu und eins an unbekanntem Fundort; von Herrn Dr. W. Kobelt mitgetheilt. — Nach einer beiliegenden Etiquette ist diese Art früher von v. Martens und ihm folgend auch von Kobelt, verleitet durch die sehr unvollkommene Crosse'sche Diagnose für Cl. japonica Crosse gehalten worden, die aber neuerdings von v. Martens und auch von mir richtiger mit Cl. nipponensis Kob. in nahe Beziehung gebracht wird.

Die durch sieben Umgänge, deutlich sichtbare Ober- und Unterlamelle, zurücktretende Subcolumellarlamelle, weiter durch das Vorhandensein einer Principal- und einer wahren Gaumenfalte ausgezeichnete fossile Art unterscheidet sich durch weniger bedeutende Grösse und die geringe Zahl der Gaumenfalten von den lebenden Species der Gruppe Oospira, hat aber sonst eine viel grössere habituelle Aehnlichkeit mit derselben, als mit irgend einer der mir bekannten Sectionen von Pupa.

2) Formenkreis der Philippiana Pfr. (Oospira Blanf. sens. str.).

Ohne vortretende Subcolumellarlamelle und mit zahlreichen feinen Gaumenfältchen.

Philippiana Pfr. Burma.
vespa Gould. Burma.
bulbus Bens. Burma.
ovata Blanf. Burma.

g. Gruppe der cornea Phil. (Acrophaedusa m.).

Char. Plica suturalis parva aut deficiens; plica principalis maxima; plica palatales duae aut tres majores profundae. Lunella nulla. Lamellae parvae, subcolumellaris emersa. Apertura piriformis, peristomate haud dilatato, soluto. Testa multispira, apice acuto, cylindrico, nitida, pallide cornea, substriata (Küster, Clausilien, S. 22 und 23).

Junghuhni Phil. Java.
cornea Phil. Java.

Da mir leider keine der Arten dieser Gruppe zur Untersuchung zur Disposition stand, muss ich es der Zukunft überlassen, ob sie ihre Selbstständigkeit neben Hemiphaedusa aufrecht erhalten kann. Jedenfalls steht unsere Gruppe Acrophaedusa den Arten des Formenkreises der validiuscula v. Mart. schon sehr nahe, und es sollte mich nicht wundern, wenn letzterer Formenkreis sammt meiner Subsect. Cylindrophaedusa vielleicht in nicht allzulanger Zeit unter Acrophaedusa, mit der er auch das Fehlen der Mondfalte gemeinsam hat, zu stehen käme.

h. Gruppe der cylindrica Gray. (Cylindrophaedusa m.).

Char. Plica principalis magna, palatales paucae longiores. Lunella nulla. Lamella supera obliqua, marginalis, cum lamella spirali fere contigua; infera retrorsum oblique ascendens, strictiuscula, intus furcata; subcolumellaris immersa. Apertura parva, sinulo erecto, rhomboideo-ovalis. Testa parva, subcylindrica, decollata, anfractibus lente accrescentibus, cornea, striata vel costulato-striata.

Ausser der langen Principalfalte sind statt der fehlenden Mondfalte noch in gleichen Abstanden 2 ziemlich lange tiefliegende Gaumenfalten vorhanden. Die randständige, sich mit breiter Basis aufsetzende, schiefgestellte Oberlamelle berührt nach hinten beinahe die Spirallamelle; die fast geradlinige Unterlamelle zieht sehr schief nach oben und gabelt sich tiefer im Inneren ähnlich wie bei Megalophaedusa; die Subcolumellarlamelle liegt sehr tief und ist äusserlich nicht sichtbar. Die kleine, etwas winklig-ovale Mündung zeigt einen etwas in die Höhe gezogenen Sinulus und kaum verdickte und schwach umgeschlagene Ränder. Die kleine, stark decollierende, fast cylindrische Schale zeigt langsam anwachsende Windungen und ist hornfarbig, gestreift oder rippenstreifig.

* cylindrica Gray. Indien.

i. Gruppe der pluviatilis Bens. (Hemiphaedusa m.).

Char. Clausilium angustum, linguaeforme, marginibus parallelis aut subtus convergentibus, apice nullo modo aut parum incrassato, rotundato-acuminato. Plica palatalis fere semper longa, lunella ab illa sejuncta, strictiuscula, valida, cum plica palatali supera et infera minimis connexa aut nulla, plicis palatalibus parvis expleta. Lamella supera marginalis, cum lamella spirali continua; infera parum torta aut recedens aut a lamella supera valde remota; subcolumellaris plerumque emersa, saepe marginalis. Apertura interdum obliqua, marginibus callosis, reflexis. Testa major, fusiformis, valida, raro decollata, plus minus pallide cornea, striata aut costulata.

Das Clausilium ist zungenförmig, schmal, die Platte desselben mit parallelen oder nach der Spitze zu convergierenden Rändern; das verrundet zugespitzte Ende desselben nicht oder nur wenig verdickt. Die Principalfalte ist verhältnissmässig lang, von der starken, fast geradlinigen Mondfalte getrennt, diese aber mit einer sehr kleinen, meist verschwindenden oberen und einer mehr oder weniger deutlich ausgebildeten unteren Gaumenfalte innig verschmolzen. In äusserst seltenen Fällen, wie beim Formenkreis der Cl. validiuscula Mart., wird die Lunelle durch mehrere strichförmige Gaumenfalten ersetzt. Die randständige Oberlamelle läuft in die Spirallamelle über; die Unterlamelle ist entweder schwach spiralig gedreht — aber viel schwächer als bei Stereophaedusa — oder zurücktretend oder endlich auffallend von der Oberlamelle entfernt, immer aber anfangs nur wenig gedreht, ihr äusserstes Ende stets tiefer in die Windung reichend als das Hinterende der Spirallamelle; die Subcolumellarlamelle stets wenigstens sichtbar und in weitaus den meisten Fällen bis an den Mundsaum tretend. Die Mündung ist oft schief gestellt, stets aber mit wulstig verdickten, überall zurückgeschlagenen Rändern versehen. Die Schale ist immer mittelgross, spindelförmig, gewöhnlich sehr dickwandig, selten decolliert, bleich-hornfarbig, gestreift oder gerippt, nur in Ausnahmefällen glatt und glänzend.

Hieher gehört ein grosser Theil der erst in neuester Zeit bekannt gewordenen japanesischen und chinesischen Arten. Ich ordne die folgenden mir bekannteren Formen so an, wie sie sich am ungezwungensten an Acrophaedusa und Cylindrophaedusa anschliessen, indem ich vor allem die Form der Unterlamelle berücksichtige.

1) Formenkreis der validiuscula v. Mart.

Mit mehreren mittellangen Gaumenfalten an Stelle der fehlenden Mondfalte. An der Basis der Unterlamelle eine mehr oder weniger starke knotenförmige Verdickung. Japan.

* viridiflava n. sp. *) Japan.

* validiuscula Mart. Japan (Kiushu und Seluchi zwischen Hinga und Bugo).

*) **Clausilia viridiflava n. sp.** Peraffinis Cl. validiusculae v. Mart. et forsan varietas ejus, sed gracilior, spira magis attenuata, sed apice minus acuto, anfractibus 12. Apertura subrecta, elongato-ovalis, marginibus subparallelis; lamella supera magis obliqua, versus marginem externum arcuata, infera intus valde calloso-bifurcata. Sub plica principali palatales 6 irregulariter flexae, quarum prima, tertia et quinta subaequales majores, secunda, quarta et sexta subaequales minores. Alt. 26 mm., lat. 5½ mm. Alt. apert. 5½ mm., lat. apert. 4 mm. — Von Herrn Prof. Dr. J. J. Rein auf Kiushu in Japan gesammelt und mir von Herrn Dr. W. Kobelt mitgetheilt; nur ein einzelnes Exemplar. Der Cl. validiuscula v. Mart. zwar sehr nahe stehend, aber doch durch längere Gehäusespitze, die innere Form der Unterlamelle und die zahlreicheren Gaumenfalten wahrscheinlich artlich zu unterscheiden. Von Cl. interlamellaris v. Mart., mit der sie die Form der Oberlamelle gemein hat, durch das grössere, verlängerte Gehäuse und die Unterlamelle verschieden, die an der Basis statt eines dicken Knotens bei unserer Art eine hohe aufwärts nach innen laufende Falte abzweigen lässt; auch fehlt viridiflava die Interlamellarfalte.

* var. bilamellata m. *) Japan.
* Hickonis n. sp. **) Japan.
* interlamellaris Mart. Japan (Kiushu).

2) Formenkreis der Belcheri Pfr.

Weissfleckige Arten theils mit theils ohne vortretende Subcolumellarlamelle. Nach v. Martens schliesst sich wenigstens Cl. claviformis Pfr. ungezwungen an Cl. validiuscula und interlamellaris v. Mart. an. Korea.

Belcheri Pfr. Korea.
claviformis Pfr. Korea.

3) Formenkreis der ptychochila n. sp.

Unterlamelle noch deutlich spiralig sich zurückziehend. Mondfalte vorhanden. Interlamellare schwach gefältelt. Gehäuse gerippt.

* ptychochila n. sp. ***) ? China.

4) Formenkreis der platydera v. Mart.

Aehnlich dem Formenkreis der pluviatilis Bens., aber mit mehr und mehr zurücktretender Unterlamelle und ohne deutlichen Nackenkamm. Subcolumellarlamelle nur sehr selten nicht bis an den Rand

---

*) **Clausilia validiuscula var. bilamellata m.** Apertura minore, ovato-quadrangula; lamella subcolumellari immersa. Alt. 22½ mm., lat. 5 mm. Von Herrn Prof. Dr. J. J. Rein auf Kiushu in Japan gesammelt und durch Herrn Dr. W. Kobelt mitgetheilt; nur ein Exemplar.

) **Clausilia Hickonis n. sp. Testa breviter rimata, elongato-fusiformis vel elongato-conica, solida, plus minus valide striata, pallide cornea, vix nitidula, spira longe attenuata, apice obtusissimo; anfractus 13½ fere plani, primi 6—8 vix crescentes, ultimus dorso satis complanatus, basi inflatus, ante marginem vix aliter striatus paullumque major ac penultimus. Apertura parva aut recta aut obliqua, basi recedens, subovalis; peristoma valde incrassatum, vix solutum, reflexum, albolabiatum. Lamellae validae, supera perobliqua, marginalis, intus praerupte descendens cum spirali contigua aut continua; infera oblique ascendens, in profundo dextrorsum retorta, basi subabrupta nodifera; subcolumellaris tenuis, emersa, marginem subattingens. Plica principalis mediocris, profunda; palatales tres aut quatuor aequidistantes profundae laterales obliquae, quarum prima ultimaque maximae, secunda aut tertia minima. Lunella nulla. Alt. 28—31 mm., lat. 5¾—7½ mm. Alt. apert. 6—7 mm., lat. apert. 4½—5 mm. — Japan, von Herrn Prof. Dr. J. J. Rein gesammelt und mir unter obigem Namen von Herrn Dr. W. Kobelt freundlichst mitgetheilt 3 Exemplare. — Durch den an Claus. Whateleyana Charp. erinnernden Habitus leicht von allen bis jetzt beschriebenen asiatischen Clausilien zu unterscheiden. Abgesehen von Cl. validiuscula und interlamellaris Mart., die zu demselben Formenkreis gehören, sich aber auf den ersten Blick durch ihre abweichende Gehäuseform erkennen lassen, zeigt nur die grössere, glatte und glänzende Cl. ducalis Kob. in Gestalt und Bezahnung einige Aehnlichkeit, doch glaubte ich dieselbe der Gabelung der Unterlamelle und der zahlreicheren punktförmigen Gaumenfalten wegen einer anderen Untersection zuweisen zu müssen.

***) **Clausilia ptychochila n. sp.** Testa breviter rimata, ventricoso-fusiformis, solida, exceptis anfractibus 4 primis densecostulata, albido-cornea, spira concave attenuata, apice satis acuto; anfractus 11 modice convexi, penultimus inflatus ab ultimo dorso complanato sutura perobliqua disjunctus, ultimus basi non cristatus, costis magis distantibus ornatus. Apertura perobliqua, basi recedens, rhomboideo-piriformis; peristoma valde incrassatum, superne sinuatum et appressum, reflexum, albocallosum, late labiatum. Lamellae validae, supera subrecta, marginalis, fossula ab interlamellari plicis permultis corrugato separata, cum spirali continua; infera sigmoidea, media parte callosa, intus spiraliter recedens, a subcolumellari validissima spiraliter usque ad marginem attingente fossula lata sejuncta. Plica principalis magna, vix perspicua; palatalis supera minima et infera longior cum lunella brevi, stricta, basi ramum retrorsum mittente connexae. Alt. 24½ mm., lat. 6¾ mm. Alt. apert. 6½ mm., lat. apert. 4½ mm. — Vaterland vermuthlich China. Mit der Bezeichnung Cl. Cecillei Pfr. von Herrn Dr. W. Kobelt zur Untersuchung erhalten. 1 Exemplar. — Eine der Cl. pluviatilis Bens. ähnliche Art, die ich unbedenklich mit plicilabris A. Ad. identifiziert haben würde, wenn nicht die Worte „lam. infera profunda, bipartita" und die auffallend geringe Grösse von „alt. 8, lat. 2 lin." auf eine andere Art schliessen liessen.

herausreichend, Spirallamelle und Unterlamelle innen zugleich auslaufend. Mondfalte immer deutlich vorhanden; oft bauchständig. Mitunter Decollation. Japan.

* attrita n. sp. *) Japan.

* platyauchen Mart. Japan.

* platydera Mart. Japan.

* var. lambda m. **) Japan.

Buschi K. Japan.

---

* strictaluna n. sp. ***) Japan.

---

*) **Clausilia attrita n. sp.** Testa grandis, breviter rimata, gracilis, fusiformis, parum ventriosa, decollata, solida, costulato-striata, sed valde detrita, albida; anfractus superstites 6½—7½ modice convexi, suturis profundis disjuncti, subalti, ultimus vix attenuatus prope aperturam parum validius costulato-striatus, circiter ⅓ omnis altitudinis aequans. Apertura recta, basi vix recedens, plus minus ovata; sinulus quadrangulus; peristoma continuum, solutum, superne appressum et parum sinuatum, undique reflexum, late labiatum, albo-callosum. Lamella supera maxima, obliqua, marginalis, triangularis, cum lamella spirali continua; infera sigmoidea, callosa, intus subfurcata et a basi intuenti spiraliter recedens; subcolumellaris conspicua sed vix emersa. Interlamellare modice excavatum. Plica principalis mediocris, profunda, a lunella laterali longa, superne arcuata, recurva, subtus stricta et denique modo literae graecae λ ramos antrorsum retrorsumque mittente disjuncta. Alt. 29—35 mm, lat. 7—7½ mm. Alt. apert. 7—8½ mm, lat. apert 6 mm. — Japan, von Herrn Prof. Dr. J. J. Rein gesammelt und mir von Herrn Dr. W. Kobelt zur Bearbeitung übergeben. — Trotz der schlechten Erhaltung der Schalenoberfläche — die Bauchfläche ist vollkommen abgescheuert — dürften die 2 vorliegenden unter sich übereinstimmenden Exemplare doch nicht lange nach dem Tode gesammelt sein, da die Mündung innen noch vollkommen glatt und glänzend erscheint. — Durch die starkausgeprägte lange Mondfalte und die decollirende Schale neben der beträchtlichen Grösse von allen bisher beschriebenen japanesischen Arten leicht zu unterscheiden.

) **Clausilia platydera var. lambda m. Testa ventrioso-fusiformis, spira regulariter attenuata, albido-cornea, anfractibus 11, penultimus valde inflatus, ab ultimo sutura obliquiore disjunctus. Apertura magis obliqua; peristoma superne haud solutum. Lamella spiralis contigua; infera fere usque ad marginem attingens, retrorsum oblique ascendens, strictiuscula, subfurcata; subcolumellaris inferae proxima subimmersa. Lunella longior, lateralis, plicis palatalibus supera minima inferioreque minore connexa literam graecam λ formans, cum plica principali angulum rectum fere obtusum exhibens. Alt. 26 mm., lat. 7 mm. Alt. apert. 6½ mm., lat. apert. 5 mm. — Japan, von Herrn Prof. Dr. J. J. Rein gesammelt (als Cl. platydera Mart. vom Tauschverein d. d. Malakozool. Gesellsch. erhalten); 1 Exemplar. — Zwar der typischen platydera und auch platyauchen Mart. sehr nahe verwandt, aber von ersterer durch die nicht heraustretende Subcolumellarlamelle und die Stellung der Mondfalte, die bei dieser einen spitzen Winkel mit der Principalfalte bildet, von platyauchen durch die bauchigere Totalgestalt, die eben noch sichtbare Subcolumellarlamelle, sowie durch die ganz geradlinig nach dem Mundrand verlaufende, an der Basis weniger winklig gebogene und hier nicht knotig verdickte Unterlamelle zu unterscheiden. Vielleicht eigene Species.

***) **Clausilia strictaluna n. sp.** Testa non rimata, ventrioso-fusiformis, solida, parum nitida, subtilissime striata, flavido-cornea; spira breviter concave-producta; apice acuto, laevi, flavido-albescente. Anfractus 9½ parum convexi, suturis simplicibus disjuncti, ulteriores tres peralti, ultimus satis attenuatus, pone aperturam parum inflatus, fere ⅓ omnis altitudinis aequans, regulariter dense costulato-striatus, striis valde obliquis. Apertura subrecta, parva, rotundato-piriformis, lata, sinulo magno, satis alto; peristoma continuum, solutum, superne valde sinuatum et aliquantulum protractum, parum expansum, reflexum, satis incrassatum, flavido-albescens. Lamellae parvae, supera humilis, triangularis, cum spirali contigua, peristoma attingens; infera remotissima, subverticalis, intus obsolete furcata; subcolumellaris immersa. Plica suturalis principalisque mediocris, profunda, parum perspicuae, principalis ultra lunellam lateralem satis elongata; palatalis unica supera minima, postice cum principali convergens, subtus cum lunella valde obliqua, strictissima, longa, tenui, perspicua connexa. Alt. 13½ mm., lat. 3½ mm. Alt. apert. 3 mm, lat 2½ mm. — Nagasaki (als Cl. proba A. Ad. vom Tauschverein d. d. Malakozool. Ges. erhalten); 1 Exemplar. — Besonders durch die Höhe der 3 letzten Umgänge ausgezeichnet. Durch die grössere Zahl der Umgänge, die schwache Oberlamelle und die lebhaft weiss durchscheinende, perfekte, geradlinige Mondfalte von proba A. Ad. — wenigstens nach der Adams'schen Diagnose — leicht zu unterscheiden.

* var. major m.*) Japan.
* aurantiaca n. sp.**) Japan.
* bilabrata Edg. Sm.***) Japan.

Hierher oder in unmittelbare Nähe gehört wahrscheinlich auch Cl. Stimpsoni A. Ad. von Japan.

5) Formenkreis der pluviatilis Bens.

Unterlamelle nicht mehr als Spirale, sondern tief im Innern der Mündung als fast geradlinige, gabeltheilige Falte erkennbar. Subcolumellarlamelle bis an den Rand heraustretend. Mondfalte deutlich. Spirallamelle getrennt. Nacken mit kurzem Kamm.

* pluviatilis Bens. China.

6) Formenkreis der hyperolia v. Mart.

Unterlamelle sehr zurücktretend, senkrecht gestellt, messerförmig, unten abgestutzt; Subcolumellarlamelle hervortretend. Mondfalte deutlich; keine untere Gaumenfalte. Gehäuse mittelgross oder klein, glatt oder gestreift, oft decollierend.

*) **Clausilia strictaluna var. major m.** Testa majore, nonnumquam graciliore, anfractibus $9^1/_2$—$10^1/_2$, ultimo $^1/_5$—$^1/_4$ omnis altitudinis aequante, lamellis validioribus, supera cum spirali continua, infera intus distinctius furcata, subcolumellari subhorizontaliter arcuatim emersa, plicis suturali principalique longioribus. Alt. $13^1/_2$—$17^1/_2$ mm., lat. $3^1/_4$—4 mm. — Japan, von Herrn Prof. Dr. J. J. Rein im Mai 1875 bei Seluchi zwischen Hiuga und Bugo gesammelt und mir von Dr. W. Kobelt mitgetheilt; 15 Exemplare.

) **Clausilia aurantiaca n. sp. Testa breviter rimata, ventrioso-fusiformis, spira elongata, valde concave-producta, non decollata, apice acuto; solida, subtilissime dense striata, laete rutila seu aurantiaca, apice pallidiore, modice nitida. Anfractus $10^1/_2$—11, quorum 3 primi non crescentes et ultimi 4 peralti, modice convexi, suturis profundis disjuncti, ultimus penultimo parum major, dorso complanatus, pone aperturam subgibber, subtilissime costulato-striatus. Apertura parva, obliqua, superne et basi recedens, rotundato-rhomboidea; peristoma continuum, solutum, tubiforme, incrassatum, reflexum, labio lato flavescenti munitum. Lamellae parvae marginales; supera obliqua, cum spirali continua, intus parum altior; infera peraff. lam. inferae in Cl. bilabrata Edg. Sm., debilis, strictiuscula oblique ascendens, basi subfurcata, a lamella supera valde remota, fossula a subcolumellari tenui, pliciformi, marginem attingente sejuncta. Plica principalis longissima, fere usque ad peristoma conspicua, ultra lamellam fere ventralem satis elongata; palatalis supera parva, antice cum principali divergens et infera longior parallela, cum lunella brevi, stricta, obliqua modo literae I connexae. Alt. 14—16 mm., lat. $3^1/_2$—$3^3/_4$ mm. Alt. apert. $3^1/_4$—$3^1/_2$ mm., lat. apert. $2^1/_2$—$2^3/_4$ mm. — Von Herrn Prof. Dr. J. J. Rein in Japan gesammelt und mir durch Herrn Dr. W. Kobelt zur Publication mitgetheilt; 12 Exemplare. — An ihrer Verwandtschaft mit Cl. bilabrata E. Sm., d. h. an der fast ventralen Mondfalte, der concav ausgezogenen Gehäusespitze und der frisch ins Orangerothe ziehenden Färbung leicht zu erkennen.

***) **Clausilia bilabrata Edg. Smith.** Testa breviter rimata, elongato-fusiformis, spira decollata, solida, subtilissime obsolete striata, pallide cornea, vix nitidula. Anfractus 12, quorum $6^1/_2$—$8^1/_2$ superstites fere plani; ultimus humilis, dorso modice complanatus, ante marginem parum inflatus, subtiliter rugoso-costulatus. Apertura parva, obliqua, basi recedens, rotundato-rhomboidea; peristoma valde incrassatum, valde calloso-reflexum, quasi bilabiatum, parum solutum, late albolabiatum. Lamellae marginales, supera aut parum aut valde obliqua, intus praerupte descendens, cum spirali aut contigua aut sejuncta; infera debilis, strictiuscula ascendens, subtruncata, intus subfurcata, a lamella supera valde remota, fossula a subcolumellari tenui, pliciformi, marginem attingente sejuncta. Regio peristomatis prope lamellam inferam subcolumellaremque plus minus plicatula. Plica principalis longissima conspicua, ultra lamellam fere ventralem strictam, ab illa vix sejunctam parum elongata; palatalis infera minor, cum lunella connexa, vix perspicua. Clausilium angustum, parum tortum, marginibus subtus convergentibus, externo reflexo, satis incrassato, apice fere rotundato. Alt. 19—$27^1/_2$ mm., lat. $4^3/_4$—$6^3/_4$ mm. Alt. apert. 5—$7^1/_2$ mm., lat. apert. 4—5 mm. — Japan, auf Kiushu und bei Seluchi zwischen Hiuga und Bugo von Herrn Prof. Dr. J. J. Rein gesammelt (zuerst vom Tauschverein d. d. Malakozool. Ges., dann in ca. 20 Stücken durch Herrn Dr. W. Kobelt erhalten). — Von Edgar Smith im Quart. Journ. of Conchol. Febr. 1876 S. 120 beschrieben.

* hyperolia Mart. Japan.
* perlucens n. sp. *) Kaukasus.

Zur Section Phaedusa im weiteren Sinne gehören ausserdem noch folgende zahlreiche lebende Arten, die ich mir bis jetzt nicht habe verschaffen können, und deren Stellung mir desshalb zweifelhaft geblieben ist:

aracana Theob. Arakan.
Bensoni H. Ad. China.
Bernardi Pfr. Siam.
brevior Mart. Japan.
Cecillei Phil. China.
ceylanica Bens. Ceylon.
decussata Mart. Japan.
distorta K. China.
excellens Pfr. Liu Kiu.
excurrens Mart. Sumatra.
exilis H. Ad. Formosa.
filicostata Stol. Penang.
Fortunei Pfr. China.
fusiformis W. Blanf. Arakan.
Gouldi A. Ad. Japan.
Gouldiana Pfr. Burma.
insignis Gould. Burma.
lirulata A. Ad. Japan.
Lorraini Mke. China.
microstoma K.
monticola Godw.-Aust. Nord-Cachar.
Moritzi Mouss. Java.
Mouhoti Pfr. Camboja.
nodulifera Mart. Japan.

*) **Clausilia perlucens** n. sp. Testa breviter rimata, gracilis, turrito-fusiformis, tenuis, semper decollata, subtiliter obsolete striata, fere laevis, nitidissima, diaphana, pallide olivaceo-cornea. Anfractus superstites 6½, regulariter crescentes, subalti, convexi, suturis linearibus profundis disjuncti, ultimus vix attenuatus, cervice subinflata et rotundata, prope aperturam superne distinctius regulariter striatus. Apertura recta, rotundato-quadrangula sinulo parvo non recedenti; peristoma continuum, superne vix protractum mediocreque sinuatum, undique breviter reflexum, tenue, obtusum, albescens. Lamellae parvae tenues, marginem attingentes; supera cum spirali conjuncta, antice leviter sigmoidea, intus triangularis, infera compressa cultrata verticalis, subtus prope marginem columellarem truncata, subcolumellaris valde emersa, torta ascendens. Interlamellare intus plica lamellae inferae subparallela instructa. Plica suturalis unica aegre perspicua, interdum deficiens; plica principalis parva conspicua, ultra lunellam vix elongata; lunella lateralis, ab ea et a lamella subcolumellari distans, valida, linearis, perspicua; plicae palatales nullae. Alt. 14 mm., lat. 3½ mm. Alt. apert. 3½ mm., lat. apert. 2½ mm. — Kaukasus, von Herrn Dr. W. Kobelt unter der Bezeichnung „Cl. caucasica Muhlenph. Kaukasus" erhalten. 3 Exemplare. — Zur Gruppe der Cl. pluviatilis Bens. gehörig, aber in dieser besonders durch geringe Grösse, glatte Schale und Decollation sehr ausgezeichnet und nur mit der derbschaligeren, deutlich gestreiften, nicht decollierenden Claus. hyperolia Mart. zu vergleichen, der aber ausser anderm die Principalfalte gänzlich fehlt.

obesa Mart.
orientalis v. d. Busch. Java.
penangensis Stol. Penang
pinguis A. Ad. Japan.
plicilabris A. Ad. Japan.
Schwaneri Herkl. Borneo.
Sheridani Pfr. Formosa.
similaris A. Ad. Formosa.
stenospira A. Ad. Japan.
Theobaldi Blanf. Indien.
Wüllerstorffi Zel. Nicobaren.

Von den hiermit skizzierten Unterabtheilungen der Section Phaedusa haben sich bis jetzt fossil somit nur zwei, nämlich Pseudonenia und Oospira, beide in der Tertiärformation gefunden. Eine weitere, ebenfalls tertiäre Art, deren Zugehörigkeit zu Phaedusa zwar sehr wahrscheinlich ist, für die ich aber, da sie mir nur aus Abbildung und Beschreibung bekannt gewordenist, vorläufig Abstand genommen habe, eine eigene kleinere Gruppe zu begründen, folgt hier am Schlusse:

†† 31) Clausilia (Phaedusa) Edmondi Boissy.

De Boissy, Mém. d. l. Soc. géol. d. France, II. Sér., Bd. III., S. 278, Taf. V. Fig. 25; Deshayes, Descript. d. anim. s. vert. d. bassin d. Paris, Bd. II., S. 868, Taf. LVI. Fig. 43 und 44; Sandberger, Vorwelt. S. 156, Taf. VII. Fig. 12.

Unter-Eocän von Rilly.

Sandberger macht auf die Verwandtschaft dieser Art mit Cl. (Phaedusa) insignis Gould von Barma aufmerksam. Abgesehen von der verschiedenen Form des linken Mundsaums könnte vielleicht auch Claus. (Formosana) cochinchinensis Pfr. aus Cochinchina, die zudem eine, wenn auch unvollkommene Mondfalte besitzt, als noch naher stehend bezeichnet werden. In der Gestalt der Mündung lässt sich nach der von Sandberger gegebenen Abbildung übrigens auch eine gewisse Aehnlichkeit mit Claus. (Constricta) tenuisculpta Rss. aus dem Unter-Miocän von Tuchoritz nicht verkennen. Nach meiner Ansicht dürfte es sich demnach empfehlen, für diese auffallende Form eine eigne Untersection innerhalb Phaedusa zu errichten.

---

† Sect. XX. Serrulina Mousson.

Journ. d. Conch., Bd. XXI., 1873, S. 211 und Bd. XXIV., 1876, S. 41; Kobelt, Jahrb. d. d. Malakozool. Ges., Bd. IV., 1877, S. 32.

Char. Clausilium linguatum, simplex. Plica principalis elongata, plicae palatales lunellaque plus minus perfectae. Lamella supera marginalis cum spirali conjuncta, infera antice plerumque furcata, subcolumellaris simplex aut furcata emersa. Interlamellare semper plicatulum. Cervix rotundatus, rarissime cristatus. Apertura fere semper rotundata, sinulo valde erecto; peristoma plus minus plicatulum, raro reflexum. Testa parva, diaphana, interdum decollata.

Das Clausilium ist zungenförmig, nicht ausgerandet. Die Principalfalte meist sehr lang, Gaumenfalten meist mehrere, Mondfalte in manchen Fällen — besonders bei den lebenden Arten der Gruppe — dieselben ganz oder theilweise ersetzend. Spirallamelle immer mit der randständigen Oberlamelle verbunden; Unterlamelle fast immer auf dem Peristom gabeltheilig; Subcolumellarlamelle einfach oder gegabelt, immer deutlich sichtbar. Nacken fast immer ohne Kiel. Mündung unten mit einer Ausnahme (Cl. filosa Mouss.) gerundet, mit in die Höhe gezogenem Sinulus; Peristom selten zurückgeschlagen; oft mehr oder weniger gefältelt. Interlamellar immer mit Falten versehen. Gehäuse wachsglänzend, klein, durchscheinend, mitunter decolliert.

Diese Section schliesst sich einerseits an die nur fossil bekannte Section Emarginaria m., von der sie sich durch das einfache, nicht ausgeschnittene Clausilium und die geringere Zahl der wahren Gaumenfalten entfernt, andererseits an Boettgeria Heyn. und Laminifera m. an, von denen sie sich durch das stets gefältelte Interlamellar und den Habitus ausser andern scharf unterscheidet. Besonders aber mit manchen Phaedusen besteht in Bezug auf Schalenoberfläche, durchlaufende Spirallamelle und gelegentlich vorkommende Decollation eine nicht zu unterschätzende Aehnlichkeit. Wie wir bei Besprechung der Gruppe Hemiphaedusa bereits gehört haben, kommt zudem in den Kaukasusgegenden, dem Fundort der lebenden Arten von Serrulina, eine ungezwungen zu unserer Section überleitende Phaedusenform vor.

Ich kenne bis jetzt nur fünf lebende Species aus Transkaukasien und ebensoviele fossile Arten aus der Tertiärformation, die im Habitus den lebenden Formen z. Th. höchst ähnlich, die Section zu einer sehr natürlichen stempeln. Die bis jetzt bekannten Arten lassen sich am besten in folgender Weise gruppieren:

† a. Gruppe der serrulata Midd. (Serrulina Mouss. sens. str.).

Nacken ohne Kiel, Mündung unten gerundet.

1) Formenkreis der serrulata Midd.

Mit Mondfalte, ohne wahre Gaumenfalten unter der Principalfalte.

Sieversi Mouss. Transkaukasien.

* serrulata Midd. Transkaukasien, Krymm.

var. gracilior Mouss. Transkaukasien.

2) Formenkreis der funiculum Mouss.

Mit Mondfalte und unterer Gaumenfalte. Decollierend.

* funiculum Mouss. Transkaukasien, Küste von Armenien.

†† 3) Formenkreis der amphiodon Reuss.

Mit Mondfalte und schwacher unterer Gaumenfalte. Nicht decollierend.

*†† amphiodon Reuss. Unter-Miocän. Nordböhmen.

†† 4) Formenkreis der Schwageri n. sp.

Mit einem Mondfalteurudiment, das sich aus Resten dreier wahrer Gaumenfalten aufbaut.

*†† Schwageri n. sp. Unter-Miocän. Nordböhmen.

†† 5) Formenkreis der Clessini n. sp.

Ohne Mondfalte, mit 3 schwachen wahren Gaumenfalten.

*†† Clessini n. sp. Ober-Miocän. Schwaben.

† 6) Formenkreis der semilamellata Mouss.

Ohne oder mit unvollkommener Mondfalte; mit mächtig entwickelter zweiter wahrer Gaumenfalte (erste unter der immer vorhandenen Principalfalte fehlend oder vorhanden).

*†† ptycholarynx n. sp. Mittel-Miocän. Oesterreich.
*†† polyodon Reuss. Unter-Miocän. Nordböhmen.
* semilamellata Mouss. Transkaukasien.

b. Gruppe der filosa Mouss. (Filosa m.).

Nacken mit einem Kiel; Mündung mit schwachem Canal. Mondfalte vorhanden.

* filosa Mouss. Transkaukasien.

Wahrscheinlich gehört in diese Section ausserdem noch Cl. erivanensis Issel aus Russisch-Armenien, während die von Kobelt, a. a. O., S. 32 ebenfalls zu dieser Section gestellte, höchst eigenthümliche Cl. index Mouss. meiner Ansicht nach besser in die Nähe der Cl. (Alinda) biplicata Mtg. zu stellen sein dürfte. Cl. index Mouss. var. minor Mouss. aber gehört entweder zu meiner Section Polyptychia oder doch ganz in die Nähe derselben.

—

Hier die Beobachtungen an den schon früher bekannten und die Beschreibung der neuen fossilen Arten dieser Section:

†† 32) Clausilia (Serrulina) amphiodon Reuss.

Sitz.-Ber. d. K. Acad. der Wiss. zu Wien. math.-naturwiss. Cl., Bd. XLII., S. 77, Taf. III. Fig. 14; Boettger, Jahrb. d. geol. Reichsanst., Bd. XX., S. 293 (Claus. denticulata Reuss); Sandberger. Vorwelt S. 436, Taf. XXIV. Fig. 15 – 15 b.

Ueber diese im Unter-Miocän von Tuchoritz nicht so ganz seltene Art, welche mir jetzt in einigen ganz vollständigen Exemplaren aus der Sammlung des Herrn Dr. C. Schwager in München vorliegt, habe ich bereits a. o. gen. Ort. S. 293 Mittheilungen gemacht. Doch glaube ich dieselben hier in einigem verbessern und ergänzen zu können. Ich sagte dort, dass die Unterlamelle und Columellarfalte parallel liefen und gleich stark entwickelt seien. Nach erneuter Prüfung sehe ich, dass die von mir damals als Columellarfalte angesprochene Lamelle in Wahrheit nur ein Theil — nämlich ein unterer paralleler Ast — der Unterlamelle ist, und dass erst darunter die bis an den Mundsaum reichende, innen alsbald steil aufwärts steigende Subcolumellarlamelle liegt. Die Principalfalte, die Mondfalte und die kurze untere Gaumenfalte haben zusammen fast genau die Form eines (umgekehrten) Z, dessen Mittelstrich sich aber nach der Mündung hin noch etwas fortsetzt. Von einer Mondfalte kann man also ganz gut sprechen. Die Bildung dieser Theile ist übrigens trotz der vorhandenen Mondfalte nicht unähnlich der von Cl. (Serrulina) ptycholarynx n. sp. aus dem Mittel-Miocän von Grussbach, deren Schlund nur dadurch noch complicierter erscheint, dass sich zwischen die Principalfalte und eine untere ≺ förmige Gaumenfalte noch eine weitere mächtige schiefgestellte Gaumenfalte einschiebt.

Grösse. Alt. 9½ mm., lat. 2 mm. Alt. apert. 1¾ – 2 mm., lat. apert. 1½ mm.

Foss. und leb. Verw. Ich hatte diese Art früher fälschlicherweise zu meiner Section Laminifera gestellt. Sandberger hat aber a. a. O., S. 436 sehr richtig auf die nahe Beziehung derselben zu den transkaukasischen Clausilien, serrulata Midd. u. a. aufmerksam gemacht, und ich stehe keinen Augenblick an, nachdem mir die lebenden Formen der Section Serrulina durch die grosse Zuvorkommenheit des Herrn Prof. A. Mousson in Zürich und theilweise auch des Herrn Dr. W. Kobelt in Schwanheim zugänglich geworden sind, dieselben gleichfalls als sehr nahe verwandt und als nächste lebende Vertreter zu erklären. Unmittelbar vergleichbar ist allerdings keine der bekannten transkaukasischen Formen; Claus.

amphiodon steht aber etwa in der Mitte zwischen serrulata Midd. und semilamellata Mouss. Sie hat zwar die Fältelung des Mundsaums von serrulata und die Lamellen von ähnlicher Form wie semilamellata, ist aber weit stärker costuliert als beide lebenden Species.

***†† 33) Clausilia (Serrulina) Schwageri Boettger.**

Reuss, a. a. O., S. 76, Taf. II., Fig. 12 und Taf. III., Fig. 12 (Cl. denticulata Rss.); non denticulata Oliv. nec Fér. nec Boettger (Jahrb. d. K. geolog. Reichsanst., Bnd. XX., S. 293) nec Sandberger (Vorwelt, S. 436).

Diese von Reuss gut charakterisierte Art aus dem nordböhmischen Landschneckenkalk war von mir, ehe ich das Schwager'sche Originalexemplar zu Gesicht bekommen hatte, leider früher mit der ähnlichen, aber viel kleineren Cl. (Serrulina) amphiodon Rss. derselben Lokalität verwechselt worden. Ich selbst besitze nur ein Bruchstück der letzten Windung dieser seltensten Art aus dem Unter-Miocän von Tuchoritz.

Die Reuss'sche Abbildung, welche auch die Grösse gut wiedergibt, ist durchaus korrekt zu nennen, nur zeigt sich der letzte Umgang bei dem mir vorliegenden Stück etwas bauchiger und etwas weniger hoch und der Sinulus weiter und mehr gerundet. Die Zahl und Lage der Falten und Lamellen stimmt dagegen sehr gut überein.

Der Beschreibung bei Reuss ist weiter noch nachzutragen, dass doch ein ganz schwacher Ansatz zu einem queren Nackenwulst vorhanden ist, der wie in der freilich bei weitem stärker gekielten Cl. (Cristataria) strangulata Fér. dem Mundsaum parallel verläuft. Die Oberlamelle ist mit der Spirallamelle verbunden, die Unterlamelle auf dem Mundsaum in zwei Aeste gespalten, deren oberer stärker entwickelt ist als der untere. Nach innen läuft die Unterlamelle als in der Mitte ausgerandete, scharf nach hinten abgesetzte Falte sehr steil aufwärts. Die Subcolumellarlamelle tritt als sehr kräftige Falte bis an den innen deutlich gelippten Mundsaum. Die von vorn sichtbare Principalfalte ist lang; darunter zeigt sich an Stelle der Mondfalte eine kurze rudimentäre T förmige Falte, die sich aus einem oberen Strich und zwei darunter liegenden Knötchen bildet, welche durch einen schwachen Callus verbunden erscheinen und als Reste dreier rudimentärer wahrer Gaumenfalten zu betrachten sind. Diese sogenannte Mondfalte lässt aber unten noch einen ziemlichen Raum bis zur Subcolumellarlamelle hin frei.

Foss. und leb. Verw. Nach Form der Mündung und Stellung der Lamellen gehört diese Art ebenfalls zur Section Serrulina. Von fossilen Arten dieser Gruppe kommt ihr, wie bereits bemerkt, Cl. amphiodon Rss. am nächsten, von lebenden Formen aber die etwas grössere, decollierende funiculum Mouss. aus Transkaukasien, die sich nach direkter Vergleichung auch durch eine anders gebaute Unterlamelle und viel deutlichere Mondfalte unschwer unterscheiden lässt.

Der Reuss'sche Name denticulata — obgleich recht bezeichnend — musste aufgegeben werden, da die Bezeichnung denticulata Oliv. (Voyage au Lev., Bnd. I., S. 297, Taf. XVII., Fig. 19 = Erberi Frauenf.) für eine lebende Art aus der Section Alinda von den griechischen Inseln die Priorität hat. Ich habe mir erlaubt, die fossile Species nach meinem um die Erforschung der böhmischen Landschneckenkalke und um die Systematik der lebenden und fossilen Foraminiferen so hoch verdienten Freunde Dr. C. Schwager in München zu benennen.

***†† 34) Clausilia (Serrulina) Clessini n. sp.**

(Taf. II. Fig. 26 a—d.)

Diese leider nur in dem letzten Umgang, aber mit vollkommen erhaltener Mündung vorliegende Art zeigt einen tiefen Nabelritz und zarte Anwachsstreifung, die erst gegen die Mündung hin auf dem abgeflachten Nacken als schwache Costulierung deutlicher sichtbar wird. Nahe der Mündung entsteht hinter der allseitigen Einschnürung ein um den ganzen Umgang herumlaufender Querwulst, der sich aber nicht als deutlicher Querkiel — wie bei Cl. (Cristataria) strangulata Fér. — zu erkennen giebt, da er nach dem Nacken hin nur durch eine äusserst schwache Einsenkung sich abhebt. Die birnförmige Mündung zeigt einen zusammenhängenden, lostretenden und überall umgeschlagenen, deutlich, wenn auch schwach gelippten Mundsaum und verhältnissmässig schwache Lamellen. Die Oberlamelle ist randständig, tritt mässig weit vor und läuft nach hinten ohne Unterbrechung in die Spirallamelle über. Die Unterlamelle ist angedrückt, nach unten durch eine horizontale bis an den Rand laufende Falte deutlicher abgegrenzt als nach oben, wo sich auf dem Interlamellar vier ebenfalls randständige parallele Falten befinden, von denen 1 und 4 klein sind, 3 dagegen ziemlich weit und 2 tief in die Mündung eindringt. Die Subcolumellarlamelle theilt sich schon ziemlich tief in zwei starke Falten, die bis zum Mundrand ziehen. Auch der Raum zwischen Unter- und Subcolumellarlamelle und der Unterrand der Mündung zeigt leichte callöse Fältchen. Die vorn in der Mündung sichtbare Principalfalte ist ziemlich lang und läuft der Naht parallel; nur ihr hinterstes Ende steigt ganz schwach nach abwärts. Unter ihr stehen, in nahezu gleichen Abständen und mit einander ebenfalls parallel, drei scharf ausgeprägte wahre Gaumenfalten, die von oben nach unten successive an Grösse abnehmen. Unter denselben bis zur Subcolumellarlamelle befindet sich noch ein leerer Raum, der so hoch ist wie die Fläche, welche die 3 wahren Gaumenfalten zusammen einnehmen. Eine Mondfalte fehlt vollständig.

Grösse. Alt. apert. $2\frac{1}{2}$ mm., lat. apert. $1\frac{3}{4}$ mm.

Fundort. Diese schöne Art ist erst in diesem Jahre von meinem Freunde S. Clessin in Regensburg in dem obermiocänen Braunkohlenthon von Undorf bei Regensburg aufgefunden und mir zur Publikation mitgetheilt worden. Ich erlaube mir, dieselbe nach dem um unsere deutsche Weichthierkunde wol verdienten Entdecker zu benennen.

Foss. Verw. Cl. Clessini schliesst sich in Form und Grösse an die nordböhmische untermiocäne Cl. (Serrulina) polyodon Rss. an, die aber durch die zweispaltige Unterlamelle und die einzige lange wahre Gaumenfalte sich leicht von ihr unterscheiden lässt. Die grössere Cl. (Serrulina) Schwageri m., welche in der Stellung der Gaumenfalten noch mehr Analogie zeigt, entfernt sich dagegen von dieser Species schon durch die einfache, nicht gegabelte Subcolumellarlamelle.

Leb. Verw. Die obermiocäne Art schliesst sich unter den lebenden Serrulinen mehr an Cl. semilamellata Mouss. als an Sieversi Mouss. aus Transkaukasien an, ohne denselben übrigens besonders nahe zu stehen.

*†† 35) Clausilia (Serrulina) ptycholarynx n. sp.

(Taf. II. Fig. 27 a—c.)

Die bis jetzt nur in zwei Mündungen und einem Mündungsbruchstück bekannte, mit deutlichem Nabelritz versehene Art besitzt einen etwas abgeflachten, unten schön gerundeten Nacken ohne Spur eines Kieles und nur mit einer schwachen blasigen Erweiterung vor und parallel dem Mundsaum. Auf der vorletzten Windung zeigen sich breite gerade Anwachsrippchen, von denen auf der letzten nach dem Nabelritz hin jedesmal zwei sich nach unten zu einer einzigen stärker ausgeprägten Rippe vereinigen. Die gerundetrhombische, mit kleinem, rundlichem, zurück- aber wenig in die Höhe gezogenem Sinulus versehene Mündung ist auch oben schwach losgelöst, und die ineinander laufenden Ränder sind besonders an der Spindelseite stark verdickt, überall umgeschlagen und selbst der umgeschlagene Theil wie bei Cl. (Serrulina) serrulata Midd. deutlich gefaltelt. Der äussere Mundrand zeigt sich oben sehr stark S förmig ausgeschweift und lässt in der Seitenansicht die kleine, nach innen etwas geschwungen verlaufende, mit der Spirallamelle vollkommen vereinigte, wie die übrigen Lamellen bis an den Rand des Peristoms ziehende Oberlamelle weit heraustreten. Die tief im Innern einfache Unterlamelle tritt in zwei Aeste gespalten in Form zweier scharfer, sich nach dem Peristom hin allmählich nähernder Falten auf den rechten Mundsaum. Auch die Subcolumellarlamelle endigt als starke Doppelfalte. Auf dem innen tief ausgehöhlten Interlamellar liegen am Mundrand 4—5 Fältchen, von denen meist 3 tiefer in die Mündung hineinsetzen, und ebenso zeigt sich zwischen den Enden der Unterlamelle und zwischen der Unter- und Subcolumellarlamelle noch je ein Fältchen. Unten und am linken Mundrand liegen dagegen noch 6—8 ähnliche längliche Fältchen in nahezu gleichen Abständen. Die sehr lange Principalfalte läuft der Naht nicht genau parallel, sondern nähert sich nach vorn derselben ganz allmählich, um erst dicht vor dem Mundsaum zu endigen. Die mässig weit im Gaumen darunter liegende erste wahre Gaumenfalte (eigentlich nach Analogie von polyodon Rss. „die zweite") ist ebenfalls sehr lang, zieht in etwas schiefer Richtung in der Mitte der Gaumenwand nach vorn und unten und ist ähnlich wie die Principalfalte bei geradem Einblick in die Mündung deutlich sichtbar. Hinten biegt sie sich plötzlich nach oben, ohne aber die noch weiter nach hinten verlaufende Principalfalte zu berühren. Die nahe darunter liegende, ebenfalls kräftig entwickelte, aber kleinere, noch schiefer nach unten ziehende zweite (nach Analogie von polyodon Rss. müsste sie als „dritte" wahre Gaumenfalte bezeichnet werden) wahre Gaumenfalte ist ähnlich einem liegenden ≺ nach hinten in zwei kurze Aeste gespalten, welche die Stelle einer Mondfalte zu vertreten scheinen. Die Entfernung von der eben genannten zweiten ächten Gaumenfalte bis zu der darunter ziehenden Subcolumellarlamelle ist gerade so gross wie die Entfernung von der Principalfalte bis zur ersten ächten Gaumenfalte. Eine eigentliche Mondfalte ist nicht vorhanden.

Grösse. Alt. apert. $2\frac{3}{4}$–3 mm., lat. apert. $2\frac{1}{4}$ mm.

Fundort. Diese sehr charakteristische Art fand sich leider bis jetzt nur in zerbrochenem Zustand in den mittelmiocänen Sanden von Grussbach bei Wien. Die beschriebenen und abgebildeten Exemplare wurden mir von dem K. K. Hof-Mineraliencabinet in Wien auf die zuvorkommendste Weise zum Zweck dieser Publikation anvertraut.

Foss. Verw. Unter den fossilen Serrulinen ist nur Cl. polyodon Rss. aus dem böhmischen Unter-Miocän verwandt, aber durch nur eine wahre Gaumenfalte, einfache, nicht zweitheilige Subcolumellarlamelle und den ungefältelten linken Mundrand leicht zu unterscheiden.

Leb. Verw. In Form der Mündung, Sculptur und Grösse steht ihr die transkaukasische Cl. serrulata Midd., die aber eine deutliche Mondfalte besitzt, unbedingt am nächsten, in der Form der Gaumenfalten ist dagegen die kleinere, am linken Mundsaum ungefältelte Cl. semilamellata Mouss., von gleichem Fundort, ähnlicher.

***†† 36) Clausilia (Serrulina) polyodon Reuss.**

Sitz.-Ber. d. K. Acad. d. Wiss. zu Wien, math.-naturw. Cl., Bnd. LXII., S. 76, Taf. III., Fig. 13; Boettger, Jahrb. d. K. K. geolog. Reichsaust., Bnd. XX., S. 293, Taf. XIII., Fig. 5 a und b (Clausilium); Sandberger, Vorwelt S. 437, Taf. XXIV., Fig. 16—16 c.

Die mir von Herrn Dr. C. Schwager in München zur Verfügung gestellten weiteren Exemplare aus dem nordböhmischen Unter-Miocän bestätigen, was ich im ersten Absatz a. a. O., S. 293 über diese Art gesagt habe.

Leb. Verw. Ich hatte früher Cl. polyodon zum Formenkreis der Cl. (Boettgeria) maderensis Parr. gestellt, sehe mich aber jetzt genöthigt, da die Verwandtschaft unserer Art mit Cl. amphiodon Rss.

doch wol näher ist, sie mit dieser in der Section Serrulina zu vereinigen. Die madérensischen Arten zeigen, abgesehen von dem stets vorhandenen Nackenkiel, immer wenigstens den Ansatz zu einer Mondfalte; ausserdem besitzen sie unter der Principalfalte meist nur das Rudiment einer einzigen Gaumenfalte und zeigen auch einen etwas abweichenden Habitus. Sandberger hat also vollkommen Recht, wenn er die in Rede stehende Art mit Cl. (Serrulina) semilamellata Mouss. aus Transkaukasien in nächste Beziehung bringt, der sie nach meiner direkten Vergleichung nach Exemplaren aus der Hand des Autors, was Zahl und Stellung der Mündungslamellen betrifft, in der That in höchstem Grade ähnlich ist. Ausser anderen subtileren Unterscheidungsmerkmalen dürfte das Fehlen der bei der lebenden Art zwischen Principalfalte und Gaumenfalte eingeschobenen kurzen callösen Falte Beachtung verdienen.

Sect. XXI. Fusulus v. Vest.

v. Vest, Verhandl. etc. S. 190 und 191.

Von lebenden Arten dieser Section kenne ich nur die beiden von v. Vest als Typen für diesen Formenkreis aufgestellten Species. Cl. viridana Rssm., die Kobelt, Katalog etc. S. 38 ebenfalls hieher rechnet, gehört nicht zu Fusulus, sondern, wie ich mich an den Originalexemplaren Rossmässlers überzeugen konnte, zur ehemaligen Section Alinda, wo sie a. a. O., S. 46 auch bereits richtig als montana Stz. var. eingereiht ist. Fossil ist die Section unbekannt.

Hier die Namen der beiden lebenden Arten:

1) Formenkreis der interrupta Z.

* interrupta Z. Steiermark, Kärnthen, Krain.

2) Formenkreis der varians Z.

varians Z. Deutschland, Illyrien.

Sect. XXII. Pseudalinda m.

Char. Clausilium parum tortum. Lunella nulla vel obsoleta; plica principalis parva; plica palatalis nulla aut unica supera punctiformis. Lamellae marginales: infera a supera valde separata, remota, cultriformis, strictiuscula ascendens, subtus truncata; subcolumellaris valida. Spiralis continua aut sejuncta. Apertura magna, subtus canaliculata. Testa olivacea, costulata aut striata.

Clausilium wenig gedreht. Mondfalte fehlend oder rudimentär; Principalfalte kurz; Gaumenfalten fehlend oder höchstens eine punktförmige obere Gaumenfalte. Lamellen randständig: Unterlamelle von der mit der Spiralis vereinigten oder getrennten Oberlamelle weit entfernt, zurückstehend, messerförmig, steil aufwärts steigend, unten deutlich abgestutzt; Subcolumellarlamelle stark entwickelt. Mundöffnung gross, birnförmig, unten mit Rinne. Gehäuse olivengrün, gerippt oder gestreift.

Einerseits sich an Phaedusa, insbes. an Subsect. Hemiphaedusa m., andererseits an Alinda anschliessende Section, aber auch mit Fusulus und Uncinaria nahe Beziehungen zeigend. Fossil bis jetzt unbekannt.

A. Schmidt ordnet die hiehergehörigen lebenden Arten folgendermassen:

a. Gruppe der fallax Rssm. (Pseudalinda sens. str.).

* montana Stz. Siebenbürgen, Banat.
  * var. viridana Z. Banat.
  * var. polyxena Paquet. Siebenbürgen.
  var. cinerascens Jen. Banat.
* jugularis Bielz. (= bajula Parr.). Siebenbürgen.
bajula A. Schm. Rumelien.
* stabilis Z. Banat.
* fallax Rssm. Galizien, Siebenbürgen, Schlesien.
  var. serbica Mlldff. Serbien.
  * var. obscura Parr. Siebenbürgen.

b. Gruppe der mirabilis Parr. (Mira m.).

mirabilis Parr. Kleinasien.

Sect. XXIII. Uncinaria v. Vest.

v. Vest, Verhandl. etc. S. 190.

Fossil noch nicht gefunden.

A. Schmidt ordnet die bekannten Arten in folgender Weise:

* turgida Z. Bukowina.
procera Blz. Siebenbürgen.
  var. minor A. Schm. Siebenbürgen.
* gulo Rssm. Podolien.
* elata Z. Siebenbürgen, Bukowina.

Sect. XXIV. Mentissoidea m.

Char. Aff. Mentissae m., sed sinulo plus minus retracto, lamella supera uncinata, infera profunda horizontali, intus valde spiraliter torta, subcolumellari in profundo conspicua strictiuscula. Plica principalis elongata, palatalis supera et infera aut profundissimae (fusorium) aut deficientes (griseofusca nach Mousson); spiralis lunellaque nullae. Clausilium ignotum.

Verwandt der Section Mentissa und, wenn das Clausilium übereinstimmen sollte, wol mit ihr zu vereinigen. Der Sinulus mehr oder weniger zurückgezogen, die Oberlamelle hakenförmig, die Unterlamelle tiefliegend, wagrecht, im Innern sehr stark spiral gedreht, die Subcolumellarlamelle in der Tiefe als gerade Falte deutlich sichtbar. Principalfalte lang, eine obere und eine untere sehr tief liegende Gaumenfalte (fusorium) oder ohne wahre Gaumenfalten (griseofusca nach Mousson). Spirallamelle und Mondfalte fehlen.

Die Lücke zwischen Uncinaria und Mentissa wird zwar durch diese sich enger an Mentissa anschliessende Section nicht ganz ausgefüllt, aber doch wesentlich verkleinert. Im Habitus erinnern die Arten sowohl an Cl. (Mentissa) gracilicosta Z. als an Cl. (Alinda) biplicata Mntg., weniger an die Gruppe der Cl. (Graciliaria) concilians A. Schm.

Bis jetzt sind nur folgende lebende Arten bekannt

* fusorium Mouss. Kutais (Kaukasus).
griseo-fusca Mouss. Transkaukasien.

Sect. XXV. Mentissa m.

Char. Clausilium emarginatum. Lunella nulla vel punctiformis. Plica principalis mediocris; palatales verae plerumque duae, ulterior valida, antice conspicua. Lamella spiralis profunda, disjuncta. Testa cornea, anfractu ultimo unicristato.

Das Clausilium ist ausgerandet. Mondfalte fehlend oder rudimentär. Gewöhnlich nur 2 wahre Gaumenfalten unter der mässig entwickelten Principalfalte, von denen die unterste vorn deutlich sichtbar ist und sich hinten mit der über ihr liegenden mehr oder weniger ausgesprochen bogenförmig verbindet. Spirallamelle tiefliegend, von der Oberlamelle getrennt. Das Gehäuse hornfarbig, gerippt, gestreift oder glatt, mit einem Nackenkiel.

A. Schmidt hat (System d. europ. Claus., S. 166 ff.) zuerst nachgewiesen, dass diese Arten durch den Ausschnitt im Clausilium einen von ihren Verwandten gut abgegränzten Formenkreis bilden. Fossile Arten der Section sind mir nicht bekannt; die lebenden ordne ich übereinstimmend mit A. Schmidt in folgender Weise:

gracilicosta Z. Krymm.
var. porcata Z. Krymm.
var. ravida Z. Krymm.
* var. frater Parr. Krymm.
* sodalis Parr. Krymm.
var. taurica Parr. Krymm.
* canalifera Rssm. Krymm.
* var. acridula Z. Krymm.
* detersa Z. Krymm.

†† Sect. XXVI. Emarginaria m.

Char. Clausilium emarginatum. Plica principalis longa; palatales numerosae, ultima longissima. Lunella nulla. Lamella spiralis conjuncta, infera subcolumellarisque antice furcatae. Cervix vix cristatus. Apertura rotundata; peristoma appressum, reflexum, plicatulum.

Das Clausilium ist ausgerandet. Eine lange Principalfalte und darunter zahlreiche Gaumenfalten, von denen die unterste besonders entwickelt und vorn in der Mündung sichtbar ist. Mondfalte fehlt. Spirallamelle mit der Oberlamelle verbunden: Unter- und Subcolumellarlamelle vorn gabelig getheilt. Der Nacken ist kaum gekielt zu nennen. Die Mundöffnung unten gerundet: der Mundsaum angedrückt, umgeschlagen, gefältelt.

Ein höchst merkwürdiger Mischtypus: In der ganzen Gestalt und in der Form der Mündung einerseits an Serrulina Mouss., andererseits an gewisse Alinda-Arten erinnernd, zeigt diese Section einen starken Ausschnitt im Clausilium, wie er unter näher stehenden lebenden Arten nur Mentissa zukommt, mit der sie aber der unten abgerundeten Mündung, des gefältelten Mundsaums und der grösseren Zahl von wahren Gaumenfalten wegen unmöglich vereinigt werden kann. Auch der der letzteren Section nahestehende Formenkreis der Cl. Duboisi Chpr. (Subsect. Polyptychia m.) zeigt keine näheren Beziehungen, während die Gruppe der Cl. somchetica Pfr. (Caucasica m.) durch die Form der Unterlamelle wenigstens einige Verwandtschaft verräth. — Die Stellung von Emarginaria in der Nähe von Mentissa soll übrigens nur eine provisorische sein, bis sich ein mehr passender Platz für dieselbe gefunden haben wird.

Ich kenne nur eine einzige zu dieser Section gehörige fossile Art:

*†† Schaefferiana n. sp. Ober-Miocän. Undorf.

Hier die Beschreibung derselben:

*†† 37) Clausilia (Emarginaria) Schaefferiana n. sp.
(Taf. III. Fig. 28a–f und 29.)

Diese mittelgrosse Art ist bis jetzt nur in einer Gehäusespitze, einem Bruchstück der vorletzten und letzten Windung mit vortrefflich erhaltener Mündung und dem Schliessknöchelchen bekannt. Die oben stumpfliche, schwachgewölbte, mit deutlichem Nabelritz versehene Schale ist schon vom dritten Umgang an mit schmalen, scharfen, etwas gebogenen, nach oben häufig dichotomierenden Rippenstreifchen geziert, die nach der Mündung zu nur wenig an Stärke zunehmen und dicht vor derselben sogar etwas matter ausgeprägt erscheinen. Der Nacken ist etwas gewölbt und nur unten durch eine breite, seichte Furche von einem schwachen gerundeten Längskiel getrennt, auf dem die hier etwas runzelig durcheinander laufenden Rippchen kaum stärker hervortreten als auf dem oberen Theile des letzten Umgangs. Die verrundet-rhomboidische Mündung ist nur oben an den letzten Umgang angedrückt, sonst losgelöst, überall umgeschlagen und fadenförmig gelippt. Die Oberlamelle ist schmal, sehr niedrig und tritt wie die übrigen Lamellen bis ans Peristom, das an dieser Stelle schwach winkelig ausgebuchtet erscheint: nach hinten vereinigt sie sich mit der Spirallamelle. Der von ihr begränzte Sinulus ist quadratisch. Die Unterlamelle bildet innen eine ziemlich steil herablaufende, mächtige, tauartig gewulstete Falte, die sich erst auf dem Peristom in zwei starke Paralleläste theilt, deren oberer beinahe, der untere ganz bis zum Mundrande reicht. Auf dem Interlamellar liegen, der Oberlamelle nahezu parallel laufend, drei feine, lange, bis an den Mundsaum ziehende Falten. Die vertikal herabsteigende Subcolumellarlamelle theilt sich schon in der Tiefe in zwei lange Falten, von denen die obere etwas stärker ausgeprägt ist. Zwischen den Enden der Unterlamelle und zwischen ihr und der Subcolumellarlamelle bemerkt man am Mundsaum äusserst feine Knötchen. Am Unterrand der Mündung liegen in gleichen Abständen zwischen dem unteren Ast der Subcolumellarlamelle und der bis an den Mundsaum verlängerten fünften Gaumenfalte noch 3 lange scharfe Fältchen. Im Innern der Mündung lassen sich die Principalfalte und 5 Gaumenfalten constatieren. Erstere ist lang, kräftig, von vorn in der Mündung sichtbar, wird nach hinten etwas höher und reicht nach innen so weit wie die fünfte Gaumenfalte. Die darunter liegende erste und die ebenso weit von ihr als diese von der Principalfalte entfernte zweite Gaumenfalte sind mittellang, die dritte etwas weiter entfernte zeigt sich etwas länger, steigt ein wenig nach unten und ist von vorn tief in der Mündung gerade noch sichtbar, die vierte, ihr nahe gerückte, ist punktförmig und gewissermassen nur Andeutung einer Falte, die fünfte unterste endlich — so weit entfernt von der vierten, wie diese von der dritten — ist überaus lang und kräftig und reicht nach vorn nur wenig schwächer werdend bis an den Mundsaum. Mondfalte fehlt. — Das Clausilium ist schaufelförmig, tief concav-convex mit wenig gewulsteten Rändern und vor der knopfförmig verdickten und etwas verdrehten Spitze tief ausgerandet.

Grösse. Alt. apert. 4 mm., lat. apert. 3 mm.

Fundort. Diese merkwürdige und bis jetzt isoliert dastehende Art wurde von Herrn S. Clessin in Regensburg im dortigen obermiocänen Braunkohlenthon bei Undorf zusammen mit Cl. (Triptychia) bacillifera Sbg., Cl. (Serrulina) Clessini m. und Cl. (Pseudidyla) möringensis Sbg. var. undorfensis m. entdeckt und mir zur Publikation unter obigem Namen freundschaftlichst mitgetheilt.

Foss. Verw. Im Habitus an Cl. (Serrulina) ptycholarynx m. von Grussbach und ihre böhmischen Verwandten erinnernd, ist sie doch durch die grössere Zahl der Gaumenfalten und das ausgerandete Clausilium weit von ihnen verschieden.

Leb. Verw. Durch die angedeuteten Merkmale und die Fältelung des Mundsaums entfernt sie sich von allen bekannten lebenden Clausilien. Von der Verwandtschaft mit den gleichfalls mit ausgerandetem Clausilium ausgestatteten Alopien und Marpessen muss insbesondere wegen des, wenn auch nur äusserst schwach gekielten Nackens und wegen der Faltelung des Mundsaums ganz abgesehen werden, Phaedusa, Serrulina und Albinaria aber zeigen ein anderes Schliessknöchelchen. Auch die Aehnlichkeit der Mündung mit Cl. (Denticulata) semidenticulata Pfr. aus der Türkei ist eine nur äusserliche.

†† Sect. XXVII. Canalicia Boettger.

Palaeontograph. Bd. X., 1863, S. 310; Pfeiffer, Monogr. Helic. viv., Bd. VIII., S. 516.

Nach neueren Untersuchungen steht diese anfangs nur auf zwei fossile Arten von Hochheim begründete Gruppe, deren Glieder sich durch einen sehr übereinstimmenden Habitus auszeichnen, der Section Mentissa m. noch am nächsten. Den Beobachtungen A. Schmidt's (Syst. d. europ. Claus., S. 168) zufolge besitzt letztere Gruppe aber ein an der Aussenseite eingeschnittenes bis ausgerandetes Clausilium, während dasselbe bei Canalicia unten nur abgestutzt *) erscheint, was direkt dem Mangel der untersten Gaumenfalte zugeschrieben werden muss. Wahre Gaumenfalten (ausser der Principalfalte) und die Lunelle fehlen der Section überhaupt gänzlich.

Von Mentissa konnte ich in neuester Zeit sämmtliche bekannten Arten aus der Rossmässler'schen Sammlung vergleichen. Cl. (Polyptychia) Duboisi Chrp. von Redut-Kaleh, die ich von Herrn Prof.

*) Die schwache Ausrandung des Clausiliums bei Cl. (Canalicia) articulata Sbg. in Palaeontogr., Bd. X., Taf. LI., Fig. 5 ist nach dem mir vorliegenden Originalexemplar immer noch etwas übertrieben gezeichnet.

A. Mousson zum Vergleich erhielt, und die sich durch Form und Lage der Lamellen manchen Canalicien nähert, entfernt sich wie die ihr näher verwandten Arten durch das Auftreten langer, tiefliegender wahrer Gaumenfalten; gemeinsam mit ihnen hat sie aber die durchlaufende oder die Oberlamelle wenigstens berührende Spirallamelle. Sie kann demnach nicht gut mit Canalicia in dieselbe Gruppe gebracht werden, vermittelt aber ungezwungen Mentissa mit unserer Gruppe Polyptychia.

Zu Canalicia rechne ich folgende 5 fossile Species:

*†† gonyptyx n. sp. Mittel-Miocän. Oesterreich.
*†† articulata Sbg. Unter-Miocän. Hochheim.
*†† protracta Bttgr. Untermiocän. Hochheim.
*†† Wetzleri n. sp. Unter-Miocan. Schwaben.
*†† attracta Bttgr. Unter-Miocän. Nordböhmen.

Ich lasse nun meine Beobachtungen an den bereits früher bekannten und die Beschreibungen der neuen Arten folgen:

*†† 38) Clausilia (Canalicia) gonyptyx n. sp.
(Taf. III. Fig. 30a—c.).

Sandberger. Vorwelt S. 588 (sp. aff. attracta Bttg.).

Die vorliegenden Bruchstücke und die Analogie mit den sämmtlich nah verwandten Arten dieser Section lassen auf eine ziemlich schlanke Art schliessen, welche einen punktförmigen Nabelritz und knopfförmig verdicktes Embryonalende besitzt. Wenigstens die 4 ersten Windungen sind glatt und glänzend; die vorletzte und letzte aber ist mit ziemlich dichtstehenden, etwas wellig gebogenen und vielfach dichotomierenden schliesslich stärkeren runzelartigen Rippenstreifchen bedeckt und durch eine feine Naht getrennt. Eine äusserst feine Längssculptur ist nur unter der Lupe bei guter Beleuchtung zu erkennen. Der vorletzte, etwas gewölbte Umgang ist nach unten verhältnissmässig nicht sehr stark verengt oder verschmälert, und die eckig-birnförmige Mündung zeigt unten einen deutlichen Canal. Mundsaum ununterbrochen, frei, vorgezogen; linker Mundrand bogig vorstehend, da der Sinulus etwas zurücktritt; rechter Mundrand ausgebreitet, aber kaum zurückgeschlagen. Nacken sanft gerundet, durch eine Depression von dem ziemlich starken, gerundeten Längskiel geschieden. Oberlamelle schmal, klein, schief gestellt, randständig, etwas aus der Mundfläche herausragend, mit der Spirallamelle vollkommen vereinigt; Unterlamelle als starke, scharfe, der Oberlamelle nahezu parallele Falte in der Tiefe der Mündung sichtbar, plötzlich nach aussen hin aber knieförmig die Richtung ändernd, um als wulstige, am Ende in zwei feine Aestchen gespaltene Falte ebenfalls am Rande des Peristoms zu enden. Interlamellare mit der Andeutung von zwei schwachen Fältchen. Subcolumellarlamelle im Innern als auffallend scharfe, senkrecht herabsteigende Falte sichtbar, aber nur als ganz schwach erhöhtes Fältchen bis an den Rand des Peristoms tretend. Principalfalte lang, der Naht parallel; keine Spur von wahren Gaumenfalten oder einer Mondfalte. Nackendepression unten in der Mündung als schwach erhöhter Längswulst sichtbar.

Grösse. Alt. apert. $2^{3}/_{4}$ mm., lat. apert. $1^{3}/_{4}$ mm.

Fundort. Die einzige gut erhaltene Mündung und das ebenfalls abgebildete, wahrscheinlich zu dieser Art gehörige Oberende fanden sich im mittel-miocänen Sande von Grund bei Wien. Beide sind Eigenthum des K. K. Hof-Mineraliencabinets in Wien und wurden mir durch die Gefälligkeit der Herrn Dir. Prof.

Dr. Tschermak und Custos Dr. Th. Fuchs zur Publication anvertraut. Von Gainfahrn, woher Sandberger a. a. O., S. 533 diese Art ebenfalls kennt, sind mir keine Stücke zugegangen.

Foss. Verw. Von ausgestorbenen Arten ist ohne Zweifel Cl. (Canalicia) articulata Sbg. aus dem untermiocänen Landschneckenkalk von Hochheim die nächstverwandte Species, nicht die ebenfalls untermiocäne nordböhmische Cl. (Canalicia) attracta Bttgr. — wie Sandberger, Vorwelt S. 533 bemerkt —, die bedeutend geringere Dimensionen besitzt. Cl. gonyptyx ist aber viel gedrungener gebaut als articulata, zeigt stärker gewölbte Umgänge, weit weniger eingeschnürte letzte Windung und schwächeren Kiel. Namentlich aber ist der Bau der bei gonyptyx scharf knieförmig gebrochenen Unterlamelle abweichend, was sich am besten beim Vergleich der Abbildungen beider erkennen lässt. — Mit der Diagnose der Untergattung Canalicia, wie ich sie a. a. O., S. 310 aufgestellt habe, stimmt die Art in jedem Punkt überein.

Leb. Verw. Verwandte Arten der Jetztzeit sind, wenn wir die allgemeinen Beziehungen zu Mentissa und Polyptychia aus dem Spiel lassen, bis jetzt nicht beschrieben.

*†† 39) Clausilia (Canalicia) articulata Sandberger.

Sandberger, Conchyl. d. Mainz. Tert.-Beck., S. 393, Taf. XXXV. Fig. 15—15 b; Boettger, Palaeontogr., Bd. X., S. 311. Taf. LI. Fig. 1—5; Sandberger, Vorwelt S. 390; Pfeiffer, Monogr. Helic. viv. Bd. VIII., S. 545.

Meiner a. a. O., S. 311 gegebenen ausführlichen Beschreibung wüsste ich nichts von Belang hinzuzufügen.

Fundort. Diese Art ist immerhin noch die häufigste der im Unter-Miocän von Hochheim vorkommenden, überhaupt äusserst vereinzelt auftretenden Clausilienarten und wird auch in neuerer Zeit noch ab und zu einmal in Bruchstücken gefunden; meines Wissens sind bis jetzt 3 ganz vollständige Stücke bekannt (Senckenberg'sches Museum und meine Sammlung).

Leb. Verw. Die Aehnlichkeit der fossilen Art mit Cl. (Mentissa) gracilicosta Z. aus der Krymm, auf die ich zuerst aufmerksam machte, erstreckt sich übrigens nicht bis auf die Form und Anordnung der Gaumenfalten und die Gestalt des Clausiliums.

*†† 40) Clausilia (Canalicia) protracta Boettger.

Palaeontogr., a. a. O., S. 313, Taf. LI. Fig. 6—8; Pfeiffer, a. a. O., S. 548.

Diese Art hat sich im untermiocänen Landschneckenkalk von Hochheim nur einmal, im Jahre 1861, und seitdem nicht wieder gefunden. Ich bin noch im Besitze der zwei Mündungen derselben (alles, was bis jetzt von dieser Species bekannt ist), welche durch die in Palaeontogr. S. 312 gegebenen Kennzeichen unschwer von der vorgenannten Cl. articulata Sbg. zu unterscheiden sind.

Leb. Verw. Fehlen.

*†† 41) Clausilia (Canalicia) Wetzleri n. sp.

(Taf. III., Fig. 31 a—c).

Sandberger, Vorwelt S. 462 sine nom.

Die kleine Schale ist sehr schlank, aber etwas bauchiger als bei Cl. (Canalicia) attracta Bttgr., die Umgänge sind wenig gewölbt und durch eingesenkte Nähte getrennt, der letzte stark verschmälert, die Mündung überall losgelöst, aber nicht sehr weit abgezogen. Die Verzierungen bestehen ähnlich wie bei attracta in ziemlich weit abstehenden fadenförmigen, hin und hergebogenen Rippchen, die nach oben hin häufig dichotomieren und auf dem Doppelkiel des Nackens und vor dem Mundsaum abwechselnd besonders stark hervortreten, stets aber schwächer zu sein scheinen als bei der verwandten böhmischen Art. Die Form der Mündung, der untere Kanal und die Zahl der Mündungslamellen und Falten sind ähnlich wie bei attracta, doch ist der rechte Mundrand breiter umgeschlagen, die Falten sind bei der schwäbischen Art massiver, vor allem aber liegen der Interlamellarzahn und die Gabelenden der Unterlamelle weiter von einander entfernt und auffallend gegen den Unterrand hinabgerückt — ein Charakter, den ich als bestes Erkennungszeichen der schwäbischen Species betrachten möchte. Ob auch, wie ich vermuthe, die Subcolumellarlamelle eine andere Lage gehabt hat, lässt sich an den vorliegenden Bruchstücken nicht entscheiden. Eine lange Principalfalte ist ebenfalls bei dieser Art schon äusserlich als linienförmige, der Naht parallel laufende Depression zu erkennen.

Grösse. Alt. apert. ca. 2 mm., lat. apert. ca. $1^1/_2$ mm.

Fundort. Die zu den kleineren Formen der Gruppe gehörige Art ist mir nur in 3 Bruchstücken aus dem untermiocänen kreideartigen Kalk von Thalfingen bekannt. Ich habe mir erlaubt, diese interessante Form nach dem für die Erforschung des schwäbischen Tertiärs so hochverdienten Herrn Apotheker Wetzler in Günzburg a. d. Donau, dem ich die Mittheilung derselben verdanke, zu benennen.

Foss. Verw. Sandberger hielt a. a. O., S. 462 nach seinem unvollständigen Material diese Art für möglicherweise mit Cl. polyodon Rss. aus dem nordböhmischen Landschneckenkalk identisch oder verwandt. Wie unsere Beschreibung ausweist, ist sie aber der ebenda vorkommenden Cl. (Canalicia) attracta Bttgr. sehr nahe stehend.

Leb. Verw. Analoge Arten fehlen der Jetztzeit.

†† 42) Clausilia (Canalicia) attracta Boettger.

Jahrb. d. K. K. geol. Reichsanst., Bnd. XX., S. 294, Taf. XIII., Fig. 6; Sandberger, Vorwelt S. 436.

Fundort. Im Unter-Miocän Nordböhmens. Ich kannte die Art anfangs nur aus Tuchoritz, Sandberger lehrte sie dann auch a. a. O., S. 436 von Lipen kennen und endlich kommt sie auch in Kolosoruk vor, von wo sie mir Herr Dr. C. Schwager in München in einem erkennbaren Steinkern anvertraut hat.

Foss. Verw. Die kleine Art weicht von den beiden typischen Formen des Mainzer Beckens nur durch das gelegentliche Auftreten einer obsoleten Mondfalte ab. Ihre Beziehungen zur vorhergehenden Art sind schon bei dieser besprochen worden.

Sect. XXVIII. Euxina m.

Char. Clausilium simplex. Lunella nulla aut brevis infera. Plica principalis longa, palatales plerumque numerosae. Lamella infera profunda, subcolumellaris plus minus emersa. Apertura angulata, semper canaliculata; cervix carina angusta, incurvata, sulcis profundis circumdata munitus, periomphalo lato. Testa plerumque olivacea, dense striata aut sublaevis, sericina.

Das Clausilium ist einfach. Mondfalte fehlend oder kurz, nur im unteren Theile gut ausgebildet. Principalfalte lang, Gaumenfalten meist zahlreich und gewöhnlich sehr verlängert. Unterlamelle immer tiefliegend, Subcolumellarlamelle mehr oder weniger deutlich sichtbar. Mündung immer winklig, oft der Dreiecksform genähert, stets mit deutlichem Kanal; Nacken mit schmalem, stark gebogenem, auf beiden Seiten von tiefen Furchen begränztem Längskiel und breitem Nabelfeld. Schale fast immer ins Olivengrüne ziehend, dicht gestreift oder fast glatt, seidenglänzend.

Diese den Ländern des schwarzen Meeres, wie es scheint, ausschliesslich angehörige Clausiliensippe zeigt zwar enge Beziehungen einerseits zu Mentissa, andererseits zu Alinda, und insbesondere ist die

Gruppe der maesta Fér. in nächste Beziehung mit der von biplicata Mutg. zu bringen, ich glaube aber dennoch, dass die Verwandtschaften der unter Euxina aufgezählten Arten zu einander gross genug sind, um die Aufstellung einer eignen Section für dieselben zu rechtfertigen.

Fossil ist diese Section noch nicht gefunden worden.

Die mir bekannten Arten dürften sich etwa in folgender Weise gruppieren lassen:

a. Gruppe der Duboisi Chrp. (Polyptychia m.).

Clausilium integrum. Lunella nulla. Plica principalis longa; palatales 2—4 validae profundae, ultima antice haud conspicua. Lamella subcolumellaris saepe immersa; spiralis conjuncta, disjuncta aut deficiens. Testa striata, cornea.

Duboisi Chpr. Krymm, Mingrelien, Transkaukasien, Küste von Armenien.
litotes Parr. Ossetien.
quadriplicata Parr. Kaukasus.
subtilis Parr. Kleinasien, Mingrelien.

b. Gruppe der Schwerzenbachi Parr. (Galeata m.).

Lunella nulla. Plica principalis longa, palatalis unica supera elongata, curvata. Lamella subcolumellaris immersa; spiralis disjuncta. Periomphalum fere semicirculare. Testa costulato-striata, fusco-cornea, apice tenuissimo.

* Schwerzenbachi Parr. Natolien.
var. holosericea A. Schm. Sinope.
var. cristata A. Sch. Natolien.
* galeata Parr. Syrien.

c. Gruppe der strumosa Friv. (Strumosa m.).

Lunella nulla. Plica principalis longa, palatales 3—4, quarum intima conspicua. Lamella subcolumellaris immersa; spiralis disjuncta. Apertura semiovalis, margine sinistro strictiusculo. Cervix carina annulari. Testa substriata, olivacea.

subulata Pfr. Natolien.
rupestris Friv. Kleinasien.
* strumosa Friv. Natolien.

d. Gruppe der acuminata Mouss. (Mucronaria m.).

Plica principalis longa, palatales 3—5 punctiformes, lunellam plus minus obsoletam fingentes. Lamella subcolumellaris immersa; spiralis disjuncta, profundissima. Apertura late piriformis. Testa dense striata, olivacea, apice tenuissimo.

* acuminata Mouss. (= acrolepta Mart.). Transkaukasien.

e. Gruppe der hetaera Friv. (Hetaera m.).

Clausilium linguaeforme, canaliculatum, apice vix emarginato, noduliformi. Lunella plus minus perfecta. Plica principalis longa, tenuis, palatales nullae. Lamella subcolumellaris immersa aut emersa, spiralis disjuncta. Apertura subovalis, supra et infra canaliculata. Testa dense striata aut costulato-striata, olivacea aut cornea, interdum strigillata, apice obtuso.

* hetaera Friv. Natolien, Prinkipos (Prinzeninseln).
* circumdata Friv. Natolien, Konstantinopel.
pronuta Parr.

f. Gruppe der Hübneri Rssm. (Actoeuxina m.).

Aff. subsect. Megaleuxinae m., sed lunella distincta, principali longa, palatalibus modo 2 longis, quarum inferior conspicua. Testa minor, apice acutissimo.

* Hübneri Rossm. Natolien.

g. Gruppe der Sandbergeri Mouss. (Megaleuxina m.).

Lunella obsoleta, plica principalis longa, palatales 3, quarum infima magna conspicua. Lamella subcolumellaris emersa, spiralis sejuncta. Apertura ovato-piriformis, canaliculata, sinulo incurvato. Testa subtiliter costulato-striata, sericina, cornea, apice acutiusculo.

* Sandbergeri Mouss. (= ossetica Parr. A. Schm.). Transkaukasien.

Hierher wahrscheinlich auch die mir unbekannt gebliebene d e r a s a Parr. aus Transkaukasien.

h. Gruppe der somchetica Pfr. (Caucasica m.).

Lunella nulla aut brevis incompleta. Plica principalis longa, palatales plerumque 3, quarum infima conspicua. Lamella subcolumellaris emersa, spiralis contigua aut continua. Apertura plus minus trigona, sinulo incurvato. Testa paucispira, ventrioso-fusiformis, apice obtusissimo, olivacea, laevis, aut substriata.

In einigen Beziehungen nähert sich dieser Formenkreis, wie wir bereits gehört haben, der nur fossil bekannten, aber mit Clausiliumausschnitt versehenen Sect. Emarginaria. Ich stelle von mir zugänglichen lebenden Arten hierher:

* Raddei Mouss. Transkaukasien.
* somchetica Pfr. Caucasus, Amasia.
var. colchica Pfr. Transkaukasien.
* ossetica Bayer *) Caucasus.

i. Gruppe der maesta Fér. (Laciniaria m.).

Lunella completa, plica principalis longa, palatales plures, saepe 2—4, quarum infima conspicua. Lamella i n f e r a aeque ac in subsect. Caucasica p r o f u n d i s s i m a, s t r i c t i u s c u l a, s u b t u s t r u n c a t a, o b l i q u e a s c e n d e n s; subcolumellaris vix emersa, spiralis disjuncta. Apertura ovalis aut subcircularis, sinulo saepe incurvato. Peristoma plicatulum. Testa ventrioso-fusiformis, apice acuto, corneo-brunnea, striata aut costulato-striata.

---

*) **Clausilia ossetica Bayer** non Parr. nec Al. Schmidt ist von somchetica Pfr. durch folgende Merkmale gut zu unterscheiden: Testa conico-fusiformis, apice o b t u s i s s i m o, b r u n n e a; anfractus 10½ v i x c r e s c e n t e s, p l a n u l a t i, vix striati, fere l a e v e s, ultimus ante aperturam subtilissime striatus. Lamella infera intus a l t i o r, g e n i c u l a t a, plica palatalis media e lunella obsoleta exiens l o n g i o r, valida perspicua. Alt. 15 mm., lat. 4 mm. — Koischet (Caucasus). 2 Exemplare. Durch Herrn Prof. M o u s s o n in Zürich zur Ansicht erhalten; zwei gleiche Stücke befinden sich auch in der Kobelt'schen Sammlung.

Von den im Habitus ähnlichen Gruppen der biplicata Mntg. und varnensis Pfr. immer leicht an der tiefliegenden, ganz wie bei der Subsect. Caucasica geformten Unterlamelle zu erkennen.

iberica Roth. Georgien, Kleinasien.
* corpulenta Friv. Natolien.
var. expansa Parr. Natolien.
var. continua Mouss. Transkaukasien.
Hierosolymitana Bourgt. Palaestina.
* maesta Fér. Syrien, Natolien.

Hieher gehört nach Mousson auch Cl. Sauleyi Bourgt. (Cat. rais. S. 50, Taf. IV., Fig. 7—9) aus Syrien.

---

† Sect. XXIX. Alinda m.

Ich rechne zu dieser Section nur die Gruppe der biplicata Mont., zu der die ächte Cl. thessalonica Friv. ganz sicher in ebenso naher Beziehung steht, wie Cl. denticulata Oliv. zu dieser, und die hier noch am passendsten unterzubringende Gruppe der Cl. index Mouss. Claus. thessalonica Friv. wird von Ad. Schmidt wahrscheinlich nach den irrthümlich bestimmten Rossmässler'schen Exemplaren, die ich als zu spreta Friv. aus Natolien gehörig erkannte, falschlich zum Formenkreis der Cl. varnensis Pfr., Cl. denticulata Oliv. aber von v. Möllendorff wegen der fehlenden oberen Gaumenfalte trotz der nahen Uebereinstimmung der Unterlamelle mit plicata Drap. irrthümlicherweise zum Formenkreis der Cl. vetusta Z. gestellt. Das unwesentliche des Auftretens oder Fehlens der oberen Gaumenfalte wird am besten durch thessalonica Friv. typ. und ihre var. major m.*) illustriert.

Fossil ist die Section in 2 noch lebenden Arten in den jüngsten Erdschichten vertreten.

Die mir bekannten Arten von Alinda ordne ich in folgender Weise:

a. Gruppe der biplicata Mntg. (Alinda sens. str.).

* thessalonica Friv. Macedonien.
* var. major m. Macedonien.
var. bosporica Mouss. Auf beiden Seiten des Bosporus.
* denticulata Oliv. (= * Erberi Frauenfeld.). Scio, Andros, Tinos, Syra.
semidenticulata Pfr. Türkei.
*† plicata Drap. (= * exalta Parr. Rumänien). Europa und Mediterrangebiet.
var. maxima A. Schm.
var. grossa A. Schm. Ungarn.
var. elongata Rssm. Mehadia.
var. pulverosa Z.

*) Claus. thessalonica var. major m. Aehnlich dem Typus, aber unter der Principalfalte ist die obere Gaumenfalte nur angedeutet und der letzte Umgang vor der Mündung mit deutlicheren, entfernter stehenden Runzelrippchen versehen. Alt. 15½ mm., lat. 4 mm. — Macedonien, mit der typ. Form zusammen (von W. Schlüter in Halle bezogen).

var. excepta Parr. Macedonien.
var. rustica Z.
var. coarctata A. Schm. Serbien.
var. minor A. Schm. Wallachei.
var. consors A. Schm. Kleinasien.
macilenta Rssm. Türkei.
comparata Parr. Rumelien.
citrinella Parr. Macedonien, Banat.
ravanica Zel. Serbien.
*† biplicata Mntg. (= Schwabi Parr.). Mitteleuropa bis Sibirien.
var. maxima A. Schm. Bulgarien, Serbien.
var. grandis A. Schm. Siebenbürgen.
var. latesulcata A. Schm. Macedonien.
var. elongata Parr. Tirol.
var. anceps A. Schm.
var. sordida A. Schm. Wien.
var. bucephala Parr. Mähren.
* subsp. bohemica Clessin. Böhmen.
* subsp. Michaudiana Pfr. Türkei.

b. Gruppe der index Mouss. (Index m.).

Forma et statura Cl. biplicatae Mntg., sed ventriosior, anfractu ultimo magis attenuato, cervice applanato; plica principali plicisque palatalibus tribus aequidistantibus profundissimis; lunella nulla.

* index Mouss. Transkaukasien.

Die fossil bekannten Arten von Alinda sind:

***† 43) Clausilia (Alinda) plicata Draparnaud.**

Hist. nat., S. 72, Taf. IV., Fig. 15 u. 16; L. Pfeiffer, Monogr. Helic. viv., Bnd. II., S. 470; Sandberger, Vorwelt S. 923, Taf. XXXV., Fig. 26—26 b.

Fossil nur an wenig Orten in Deutschland: vom Ober-Pleistocän bis lebend.

***† 44) Clausilia (Alinda) biplicata Mntg.**

Montagu, Test. brit. 1803, S. 361, Taf. XI., Fig. 5; Küster, in Chemn. Ed. II, Schliessschnecken S. 191, Taf. XXXI., Fig. 1—4; Sandberger, Vorwelt S. 882 und 939.

Fossil nur an wenigen Orten: vom Mittel-Pleistocän bis lebend. Ich kenne sie ausser von den durch Sandberger bereits aufgezählten Fundorten nur noch aus dem oberpleistocänen Kalktuff von Zierenberg bei Marburg a/d. L.

Sect. XXX. Strigillaria v. Vest.

v. Vest, Verhandl. etc. S. 195.

Fossil ist die Section, die ich in ähnlicher Weise wie Idyla von einem engeren Verband mit Alinda, den in neuerer Zeit von Möllendorff (Nachrichtsbl. d. d. Malakozool. Ges. 1875. S. 26) befürwortet hat, wieder ablöse, da sie mir durch hinreichend scharfe Charaktere getrennt erscheint, bislang nicht bekannt geworden. — Von lebenden Arten sind folgende zu verzeichnen:

* cana Held. Deutschland, Siebenbürgen, Banat, Ukraine.
 var. praepinguis Parr.
 var. farta A. Schm. Königsteingebirg, Törzburg.
 * var. iostoma A. Schm. Siebenbürgen.
* vetusta Z. Kärnthen, Illyrien, Siebenbürgen, Serbien, Bosnien.
 * var. festiva K. Bamberg.
 * var. sinemala Parr. Südtirol.
 * var. striolata Parr. Siebenbürgen, Croatien, Serbien, Bosnien.
Sabljari Brus. Croatien.
conjuncta Parr. Siebenbürgen, Serbien, Ostbosnien.
* Pancici Zel. Serbien.

Hieher gehört wol auch splendens Chrp. aus dem Banat.

†† Sect. XXXI. Pseudidyla m.

Char. Clausilium subtus valde canaliculatum, apice incrassato, latere sinistro rectangulum. Plica principalis elongata: plicarum palatalium prima supera punctiformis aut deficiens, loco ulterioris callus plus minus conspicuus. Lunella nulla. Lamella spiralis conjuncta aut contigua: infera et interdum subcolumellaris antice furcatae. Cervix bicristatus. Apertura canaliculata, subtus autem rotundata: peristoma solutum, plus minus expansum, reflexum, labiatum, plicatulum. Testa parva, striata aut costata.

Das Clausilium ist unten tief rinnenförmig ausgehöhlt, an der Spitze verdickt, linkerseits scharf rechtwinklig. Die Principalfalte verlängert; die obere wahre Gaumenfalte fehlt oder ist punktförmig; an Stelle der untersten steht ein vorn mehr oder weniger sichtbarer Callus. Mondfalte fehlend. Die Spirallamelle ist durchlaufend oder berührt doch wenigstens die Oberlamelle; die Unter- und meist auch die Subcolumellarlamelle reichen als gabelig getheilte Falten bis an den Mundsaum. Der Nacken zeigt einen Doppelkiel. Die Mündung hat einen dem untersten Kiele entsprechenden Kanal, ist aber doch unten verrundet; der Mundsaum zeigt sich stets losgelöst und umgeschlagen und mit einer breiten gefalteten Lippe belegt. Gehäuse gestreift oder gerippt.

Der Section Idyla und Strigillaria sicher recht nahe stehend, aber von beiden schon durch den Mangel einer deutlichen Mondfalte, durch die in zwei Aeste gespaltene Unterlamelle, die auffallend vortretende Subcolumellarlamelle und die Zahnelung des Mundrandes scharf unterschieden.

Dass wir es bei Strigillaria und vielleicht auch bei unseren ersten Gruppen von Idyla wahrscheinlich mit Zweigen von Nachkommen von Pseudidyla zu thun haben möchten, die sich im Laufe der Zeit mit einer Mondfalte ausgerüstet haben, lässt sich durch die sonst sehr nahe Uebereinstimmung der tieferliegenden Mündungscharaktere vermuthen, wenn auch die leichter der Veränderung unterworfenen äusseren Mundungstheile, wie wir bei den einzelnen Arten noch deutlicher sehen werden, bereits wesentlich modifiziert sind.

Zu dieser Gruppe rechne ich folgende 2 fossilen Arten:

*†† mörsingensis Sbg. Ober-Miocän. Schwaben.
*†† var. zandtensis m. Ober-Miocän. Zandt.
*†† var. undorfensis m. Ober-Miocän. Undorf.
*†† polyptyx n. sp. Mittel-Miocän. Wiener Becken.

Anhangsweise erwähne ich noch eine dritte Art undatistria n. sp. aus dem schwäbischen Ober-Miocän, die ihrer unvollständigen Erhaltung wegen nur mit Reserve dieser Section zugetheilt werden kann.

Hier meine Beobachtungen an den fossilen Arten von Pseudidyla:

***†† 45) Clausilia (Pseudidyla) mörsingensis Sandberger.**
(Taf. III, Fig. 32 a—d, 33 a—d, 34 a und b.)
Sandberger, Vorwelt S. 598.

Char. Testa parva, rimata, fusiformis vel ventrioso-fusiformis, costulato-striata, costulis subundulatis, spira breviter concave-producta, apice attenuata. Anfractus 10 convexiusculi, suturis impressis disjuncti, primi 5 vix crescentes, ultimus plus minus attenuatus, subcompressus, validius et latius costulatus, cervice excavato, ante marginem sinistrum impresso, basi bicarinatus. Apertura parva, ovata vel rhomboideo-ovata, sinulo parvo, margine sinistro superne sinuato, interlamellari plicatulo. Peristoma continuum, undique solutum, valde expansum, sed parum reflexum, intus labiatum. Lamellae mediocres, usque ad marginem peristomatis attingentes, supera protracta, cum lamella spirali conjuncta; infera margine stricto oblique descendens, extus bifurcata: subcolumellaris verticaliter descendens, simplex aut bifida. Callus palatalis conspicuus triangularis vel semicircularis peristomati parallelus; plica principalis conspicua, palatales lunellaque deficientes. Spatium inter lamellam inferam subcolumellaremque nec non margo sinister aperturae pliculis callosis parvis plus minus ornatus. Clausilium ut supra.

Die ziemlich kleine nabelritzige Schale ist rein spindelförmig bis bauchig-spindelförmig, vom fünften Umgang an mit gebogenen, wellenförmigen, hie und da gestrichelten Rippenstreifchen geziert und besitzt ein deutlich aufgesetztes, ziemlich zugespitztes Oberende. Die 10 durch eingesenkte Nähte getrennten Windungen sind etwas gewölbt, die 5 ersten nur sehr langsam an Breite zunehmend, der letzte Umgang mehr oder weniger halsförmig verschmälert, auf dem Rücken etwas concav, vor dem linken Mundrand stärker eingedrückt, unten mit Doppelkiel versehen und mit stärkeren, nach oben dichotomierenden, scharfen Rippchen bedeckt. Die Mündung ist spitz-eiförmig bis rhomboidisch-eiförmig, relativ klein, mit kleinem Sinulus und stark geschweiftem linkem Oberrand. Der Mundsaum ist zusammenhängend, überall losgelöst, weit ausgebreitet, aber kaum zurückgeschlagen und mit einer mehr oder weniger dicken Lippe belegt. Die Lamellen sind mittelmässig entwickelt, aber robust und reichen bis an den äusseren Mundsaum. Die etwas aus der Mundfläche heraustretende Oberlamelle verbindet sich hinten mit der Spirallamelle; die untere, (seitlich gesehen) von innen mit fast geradlinigem Unterrande der Naht parallel bis an den Rand des Peristoms herabsteigend, entsendet erst auf diesem noch einen kräftigen Gabelast nach unten. Das Interlamellar trägt 1—3 kleine Fältchen. Die Subcolumellarlamelle steigt fast senkrecht von oben nach unten herab und endigt ebenfalls in einer oder zwei Falten auf dem Peristom, von welchen in letzterem Falle die untere meist etwas stärker entwickelt zu sein pflegt, als die obere. Ausserdem finden sich häufig noch 3 kleine faltenartige Knötchen zwischen Unter- und Subcolumellarlamelle und immer 1—2 Fältchen am linken Unterrand der Mündung. In seltneren Fällen zeigt auch der linke Mundrand noch 3—4 schwache knotenförmige Verdickungen. Unter und vor der in der Mündung deutlich sichtbaren Principalfalte liegt stets ein mehr oder weniger ausgeprägter dreieckiger oder auch dem Mundsaum annähernd paralleler callöser (auch bei der lebenden verwandten Cl. stolensis Zel. vorhandener) Gaumenwulst; gewöhnlich zeigt sich ausserdem noch eine den Kanal begränzende und die Stelle der untersten Gaumenfalte einnehmende, nach hinten deutlicher werdende Längsschwiele im unteren Theile der Mündung. Mondfalte und wahre Gaumenfalten fehlen gänzlich.

Grösse. Alt. 9 mm., lat. 2¼—2½ mm. Alt. apert. 2—2¼ mm., lat. apert. 1¼—1½ mm.

Fundort. Nach den verschiedenen Fundorten lassen sich von dieser, wie es scheint, weit verbreiteten Art folgende 3 Formen unterscheiden:

a. typus m. (Taf. III. Fig. 32a—d). Spindelförmig mit stark zusammengezogener Schlusswindung; letzte Umgänge etwas weitläufiger rippenstreifig. Aus den obermiocänen Kalkmergeln von Mörsingen bei Zwiefalten (Apoth. Wetzler in Günzburg a. d. Donau) und den gleichalten Malleolata-Schichten von Altheim bei Ehingen (Wetzler), je ein Stück. Es sind dies dieselben beiden Originalexemplare, von denen Sandberger a. a. O., S. 598 mittheilt, dass sie zum Formenkreis der Claus. (Serrulina) polyodon Rss. gehörten und somit bewiesen, dass diese merkwürdige Gruppe sich auch noch im Ober-Miocän erhalten habe. Wir werden die Art gleich auf ihre Verwandtschaft mit lebenden und fossilen Formen zu prüfen haben.

b. var. zandtensis m. (Taf. III. Fig. 33a—d). Bauchiger als die Normalform, die letzte Windung weniger halsförmig; letzte Umgänge — ähnlich wie bei manchen Exemplaren von Cl. (Boettgeria) deltostoma Lowe — enger rippenstreifig. Aus dem Ober-Miocän von Zandt bei Ingolstadt (Dr. C. Schwager in München); nur das abgebildete vollständige, prachtvoll erhaltene Stück.

c. var. undorfensis m. (Taf. III, Fig. 34a und b). Grösste Form mit kürzerer Spitze, indem der vierte Umgang bereits sich erweitert; oberer Ast der Unterlamelle auf dem Peristom schwächer werdend. Auch die Fältelung des Mundrandes ist weniger deutlich. Bei dem abgebildeten Stück hat der Mundsaum seine normale Form und Grösse noch nicht erhalten; ich bekam ein besseres Exemplar leider erst später. Aus dem Ober-Miocän von Undorf bei Regensburg (S. Clessin in Regensburg); nur 2 Mündungen, eine Gehäusespitze und das Clausilium.

Foss. Verw. Zweifellos ist Cl. (Pseudidyla) polyptyx n. sp. aus dem Mittel-Miocän von Grussbach die nächststehende der bis jetzt bekannten fossilen Clausilien, unterscheidet sich aber von unserer Art u. a. leicht durch die bedeutendere Grösse, die rhombische Mündung und eine schon vorn deutlich sichtbare untere Gaumenfalte.

Leb. Verw. Wie bereits bei Besprechung der Sectionscharaktere auseinandergesetzt wurde, sind der Form des Clausiliums und der Gestalt und Stellung der Unterlamelle nach nur die Arten von Strigillaria und Idyla — wenn wir von dem Vorhandensein der Mondfalte überhaupt absehen — in nähere Beziehung zu unserer fossilen Art zu bringen. Von ihnen dürfte die durch fehlende oder obsolete Lunelle, durchlaufende Spirallamelle und wol deswegen nur irrthümlicherweise von v. Möllendorff zum Formenkreis der rugosa Drap. gestellte Cl. stolensis Zel. = pygmaea Mildf. aus Ostserbien immerhin die nächst verwandte Art sein, die sich aber ausser anderm durch die nicht vortretende Subcolumellarlamelle und durch die einfache, nicht gefältelte und nur schwachgelippte Mündung unschwer unterscheiden lässt. Auch die in der Form der Mündung und Stellung der oberen und unteren Lamelle recht wol vergleichbaren Cl. pumila Z. und Grimmeri Parr., die wir zur Gruppe Kuzmicia stellen, weichen durch die Lage der Subcolumellarlamelle wesentlich ab. Die Aehnlichkeit mit Cl. (Serrulina) filosa Mouss. ist nur oberflächlich, in der Lage der Lamellen und Falten nicht tiefer begründet.

*†† 46) Clausilia (Pseudidyla) polyptyx n. sp.
(Taf. III, Fig. 35 a—c und Taf. IV, Fig. 36—39).

Das mit punktförmigem Nabelritz versehene Gehäuse zeigt ziemlich gewölbte, durch flache Nähte getrennte Umgänge, deren oberste nicht besonders stark knopfförmig verdickt und glatt sind, und deren letzter etwas mehr abgeflacht und weniger verengt erscheint, als bei der vorigen Art. Der abgeflachte Nacken tritt nach unten zu fast kielförmig vor und wird weiter durch eine tiefe Furche von dem das Nabelfeld umsäumenden gerundeten unteren Kiel getrennt. Die vorletzte Windung ist mit wellenförmigen, häufig dichotomierenden, nach unten stärker ausgeprägten Rippenstreifchen bedeckt, die nach der Mündung hin zu breiteren, dichotomierenden, auf dem Kiel besonders vortretenden Runzelrippen werden. Die an ein Quadrat oder Rechteck mit abgerundeten Winkeln erinnernde Mündung hat einen zusammenhängenden, etwas losgelösten, nur schwach umgeschlagenen, aber etwas verdickten, breit gelippten Mundsaum, der auf der linken Seite unterhalb des etwas zurücktretenden Sinulus stark gerundet vorgezogen erscheint. Die mässig entwickelte, etwas bogig gekrümmte Oberlamelle ragt bis an das Peristom vor und tritt hinten der sich dicht neben sie anlehnenden Spirallamelle so nahe, dass von aussen gesehen beide mit einander verbunden zu sein scheinen. Die Unterlamelle ist ziemlich weit von der oberen entfernt und biegt sich, anfangs mit ihr parallellaufend, nach aussen stark nach rechts, um auf dem Mundsaum in Form zweier starker randständiger Falten zu endigen. Auf dem Interlamellar liegen stets 2—4 kleinere Falten, während sich gelegentlich auch zwischen die gabeligen Enden der Unterlamelle ein kleines Fältchen einschiebt. Die Subcolumellarlamelle steigt etwas nach rechts aufwärts und gränzt einen, auf der andern Seite durch die scharf vortretende untere Gaumenfalte und durch eine als Fortsetzung derselben zu betrachtende, gerade am Unterrande liegende Höckerfalte gebildeten Kanal ab, welcher dem unteren Nackenkiel entspricht. Zwischen Unter- und Subcolumellarlamelle zeigen sich auf dem Mundsaum meist noch 3—4, links von der am Unterrand liegenden Höckerfalte und überhaupt am linken Mundrand in günstigen Fällen noch bis zu 7 feine, nur auf der Lippe liegende Fältchen. Ein Ansatz zu einer Gaumenwulst ist in den meisten Fällen nicht zu verkennen. Ausser der bereits genannten sehr starken unteren Gaumenfalte ist eine mittellange Principalfalte vorhanden, die noch etwas über die erste, punktförmig angedeutete obere Gaumenfalte hinausragt. Mondfalte vollkommen fehlend.

Grösse. Alt. apert. $2^{1}/_{4}$—$2^{1}/_{2}$ mm., lat. apert. $1^{1}/_{2}$—2 mm.

Die Art variirt abgesehen von der Zahl der die Mündung einengenden Zahnfältchen ziemlich stark in Grösse, Costulierung und mehr parallelepipedischer oder quadratischer Gestalt der Mündung.

Fundort. Cl. polyptyx, die mir in einem Dutzend wolerhaltener Mündungen aus dem K. K. Hof-Mineraliencabinet in Wien vorliegt, fand sich in den mittelmiocänen Sanden von Grussbach. Ich ziehe hieher auch das Taf. IV, Fig. 39 abgebildete Bruchstück einer in Grösse und Sculptur sehr gut passenden Form.

das Herr Dr. Stur bei Lindabrunn auf dem Wege von Enzesfeld nach Hörnstein in Begleitung eines Buliminus (Petraeus sp.) unter den tiefsten Lagen des Leithakalks lagernd im mittelmiocänen Tegel von Rein entdeckte, und das mir aus der Sammlung der K. K. Geolog. Reichsanstalt durch die Liberalität des Herrn Dir. Fr. Ritter von Hauer zur Untersuchung anvertraut wurde.

Foss. Verw. Die nächststehende fossile Art ist nicht Cl. (Canalicia) gonyptyx n. sp. aus dem Mittel-Miocän von Grund, die ihr äusserlich nicht unähnlich sieht, aber schon durch den Mangel der zahlreichen, den Mundsaum bedeckenden Fältchen und das Fehlen der untersten Gaumenfalte unterschieden werden kann, sondern die vorhin erwähnte Cl. (Pseudidyla) mörsingensis Sbg. aus dem schwäbischen Obermiocän. Die charakteristischen Unterschiede sind bei dieser angegeben worden.

Leb. Verw. Die Beziehungen zu den lebenden Arten von Strigillaria und Idyla und beziehungsweise auch zu Kuzmicia sind schon bei Besprechung der Sectionscharaktere von Pseudidyla und ebenso bei Beschreibung der vorigen Art erwähnt worden. Ausser den allgemeinen Beziehungen zu den dort genannten Formen dürfte von lebenden Arten — wenn wir von Mondfalte und der wesentlich verschiedenen Form und Lage der Subcolumellarlamelle absehen — Cl. (Kuzmicia) pumila Z. als die habituell ähnlichste Clausilienspecies anzusehen sein.

Wahrscheinlich gehört endlich zu dieser Section noch:

⁎†† 47) Clausilia (Pseudidyla) undatistria n. sp.
(Taf. IV, Fig. 40).

Leider liegt mir von dieser Form nur ein grösseres Bruchstück von 10 Umgängen mit fehlender Mündung vor. Ich trage aber Bedenken, dasselbe der regelmässiger sich verjüngenden Spitze und der etwas bedeutenderen Grösse wegen mit der neben ihr vorkommenden oben S. 89 beschriebenen Cl. (Pseudidyla) mörsingensis Sbg. zu vereinigen.

Die mässig kleine Schale hat bei bauchig-spindelförmiger Totalgestalt eine schlanke, etwas kolbig verdickte Spitze, welche — wie bei der lebenden Cl. Grimmeri Parr. — hauptsächlich durch den etwas grösseren und stärker gewölbten zweiten Umgang hervorgebracht wird, und schwach gewölbte durch einfache Nähte getrennte Windungen. Die 5 ersten Umgänge sind glatt, die übrigen mit ziemlich feinen, aber scharfen, etwas unregelmässig wellig gebogenen, selten dichotomierenden Rippenstreifchen bedeckt.

Grösse. Höhe der 10 ersten (allein erhaltenen) Umgänge $9\frac{1}{2}$ mm., Breite des letzten Umgangs 3 mm.

Fundort. Das einzige vorliegende aus dem obermiocänen Mergelkalk von Mörsingen bei Zwiefalten stammende Exemplar wurde mir freundschaftlichst von Herrn Dr. C. Miller in Unter-Essendorf (Württemberg) zur Publikation anvertraut.

Bei Mörsingen kommt allem Anschein nach noch eine dritte Species dieser oder einer verwandten Gruppe vor, die ich aber bis jetzt nur in dem Bruchstück einer Gehäusespitze kenne, welche von Cl. undatistria und mörsingensis durch relativ höhere Umgänge sich unterscheidet.

Sect. XXXII. Idyla v. Vest.

von Vest, Verhandl. etc. S. 191.

Von mir zugänglichen lebenden Arten rechne ich ausser dem von v. Vest als typisch hingestellten Formenkreise der Cl. pagana Z. nach Form und Lage des Clausiliums zu dieser Section noch die Gruppen der stolensis Zel., der bitorquata Friv. und der varnensis Pfr., die z. Th. wegen der schwindenden Mondfalte, z. Th. wegen des Auftretens einer starken unteren Gaumenfalte eine kleine Modification der v. Vest'schen Diagnose nöthig machen.

Fossil ist diese Gruppe unbekannt; doch scheint sie in der Miocänzeit durch die vorige, wahrscheinlich ihren Vorläufer, ersetzt worden zu sein. Ich ordne die bekannteren lebenden Arten in folgender Weise:

a. Gruppe der pagana Z. (Idyla sens. str.).

1) Formenkreis der stolensis Zel.

Lamella nulla vel obsoleta: lamella spiralis continua.

* stolensis Zel. (= * pygmaea Mölldff. *). Ostserbien.

2) Formenkreis der pagana Z.

* serbica Mlldff. Ostserbien.
rugicollis Z. Banat.
var. maxima A. Schm. Banat.
var. elongata A. Schm. Banat.
* var. oleata Rssm. Banat.
var. carissima Z. Banat.
var. bella Stz. Banat.
var. ochracea K. Banat.
banatica Friv. Banat.
pagana Z. Banat. Serbien.
* var. bulgariensis Friv. Bulgarien.
var. mendax A. Schm. (= * substriata Parr.). Banat.
var. elongata A. Schm. Banat.

b. Gruppe der bitorquata Friv. (Bitorquata m.).

Anfractu ultimo deviato, soluto; lamellis profundis, supera subnulla, subcolumellari inconspicua (Küster).
bitorquata Friv. Syrien.
torticollis Oliv. Standia bei Creta.
Hierher oder doch in die Nähe noch cedretorum Bourgt. Syrien.

c. Gruppe der varnensis Pfr. (Bulgarica m.).

Aff. subsect. Idylae v. Vest, sed plica palatali infera valida, e lamella exeunte. Testa plus minus strigillata.

*) Nach Originalen aus der Hand v. Möllendorffs in Dr. W. Kobelt's Sammlung.

fraudigera Parr. Türkei.
intricata Friv. Bulgarien.
Bourguignati Chpr. Morea.
* socialis Friv. Bulgarien.
varnensis Pfr. Bulgarien, Banat.
* fritillaria Friv. Türkei.
* spreta Friv. (= * thessalonica Rssm. A. Schm.). Prinkipos. Natolien.

Zu dieser Gruppe gehört wohl auch picta Pfr.

Zur Section Idyla überhaupt gehört endlich noch obvoluta Friv. aus Südungarn.

Sect. XXXIII. Oligoptychia m.

Char. Aff. sect. Idylae v. Vest, sed lunella maxima, plus minus perfecta, superne usque ad suturam producta, inferne angulatim recurvata; plicis suturalibus et principali obsoletis. Lamella spiralis fere semper deficiens. Apertura rhomboidea, plerumque quadrangula; cervix valde uni- aut bicristatus. Testa conico-fusiformis, striata. Clausilium suturam attingens, antice rotundatum.

Die im Allgemeinen an Idyla v. Vest erinnernde Section zeigt eine — wenn vollkommen ausgebildet — an Papillifera erinnernde Mondfalte, die oben die Naht berührt, unten rechtwinklig nach hinten gebogen erscheint. Die fast immer vorhandenen Suturalfalten und die Principalfalte sind verkümmert, meist nur als kleine Strichelchen erkennbar. Die Spirallamelle fast stets fehlend. Die Mundöffnung ist rhomboidisch, meist sogar quadratisch; der Nacken mit ein oder zwei starken Kielen versehen. Die Schale zeigt kegelige Spindelform und mehr oder weniger deutliche Streifung. Das Clausilium berührt die Naht und ist vorn verrundet.

Die früher meist zu Idyla gerechneten Arten dieser, wie mir scheint, sehr natürlichen, durch die bis an die Sutur reichende Mondfalte und das vorn abgerundete Clausilium leicht erkennbaren Gruppe sind in ihrer Verbreitung auf Morea, Euboea, Rumelien und die Pontusländer beschränkt.

Die mir bekannten Arten dieser bis jetzt nur lebend beobachteten Section ordne ich in folgender Weise:

a. Gruppe der laevicollis Parr. (Armenica m.).

Clausilium plus minus remotum. Lunella perfecta. Plicae suturales plerumque 3 parvulae, principalis deficiens aut punctiformis; palatalis infima evanescens aut deficiens. Callus palatalis suturae parallelus plus minus conspicuus; cervix uni- aut bicristatus. Kleinasien.

brunnea Z. Taurusgebirge.
* Hueti Mort. Armenien.
* unicristata n. sp. *) Armenien.

*) Clausilia unicristata n. sp. (Taf. IV, Fig. 49 a—d). Testa profunde rimata, gracilis, conico-fusiformis, tenuis, subtiliter striata, fere laevis, nitida, diaphana, corneo-fulva, apice valde attenuato, acuto. Anfractus 12 parum convexi, suturis compressiusculis disjuncti, secundus tertio altior ac convexior, a quarto sensim crescentes, ultimus praecedentes duos altitudine aequans, deorsum applanatus, compressus, striis parum validioribus densis ornatus, basi crista unica compressa, forti, angulato-arcuata, periomphalum magnum excavatum cingente. Apertura satis magna, paullum lateralis, angulato-ovata, subverticalis, marginibus

* laevicollis Parr. Kleinasien.
fausta Friv. Kleinasien.
disjuncta Mort. Armenien.
bicarinata Z. Syrien.

b. Gruppe der foveicollis Parr. (Scrobifera m.).

Lamella obsoleta; plicae suturales duae rudimentales, principalis nulla. Lamella infera profunda, palato perapproximata, subcolumellaris recedens, spiralis disjuncta. Anfractus ultimus a latere sinistro impressus, basi bicarinatus; apertura basi bicanaliculata. Transkaukasien.

* foveicollis Parr. Kaukasus. Transkaukasien.

Hierher gehört vermuthlich noch die mir leider unbekannt gebliebene Cl. taurica Kryn. aus der Krymm.

c. Gruppe der Pikermiana Roth. (Hellenica m.).

Clausilium interdum deficiens. Lamella semper plus minus interrupta; plica suturalis unica principalisque rudimentalis aut rarius nullae. Lamella supera minima, infera eae approximata, profunda, alta. Apertura subquadrata; callus palatalis saepe tuberculiformis; cervix valde bicristatus. Rumelien, Morea, Euboea.

1) Formenkreis der Pikermiana Roth.

Apparatus claustralis magis perfectus; clausilium adest.

* tetragonostoma Pfr. Parnass. Euboea.
* bicristata Friv. Macedonien. Euboea.
* oxystoma Rssm. Euboea. Syra.
attica Parr. Rumelien.
* Kephissiae Roth. Rumelien.
* Pikermiana Roth. Rumelien, Morea (Argolis).
Rothi Zel. Syra. Euboea.
* Castaliae Roth. Parnass.

2) Formenkreis der unidentata K.

Apparatus claustralis imperfectus, clausilio nullo.

unidentata K. Euboea.

---

subparallelis, basi canaliculata; sinulus mediocris, rotundatus; peristoma continuum, solutum, undique valde expansum, reflexum, labiatum, albido-fulvum. Lamellae parvae; supera marginalis minor, infera in profundo conspicua S formis, retrorsum non furcata; spiralis deficiens; subcolumellaris et oblique intuenti haud conspicua, lamella parallela valida, longissima. Inter lunellam distinctam, profundam, modice latam, arcuatam, sulcus recedentem et ibidem antrorsum angulatim prolongatam suturamque plicae suturales tres aegre perspicuae principalisque parvulae rudimentales. Alt. 18 mm., lat. 4 mm. Alt. apert. 4 mm., lat. apert. 3 mm. — Ekatherinenfeld (Dubois; von Herrn Prof. A. Mousson in Zürich unter der Bezeichnung Cl. (Mentissa) canalifera Rssm. erhalten) und Helenendorf (nach Prof. Moussons briefl. Mittheilung); 3 Exple. — Am nächsten der Cl. brunnea Z., von der sie sich schon durch die innen nicht gegabelte Unterlamelle und die feine Streifung der Schlusswindung unterscheidet und der disjuncta Mort., von der sie sich nach Prof. Mousson's gütiger Mittheilung abgesehen von dem Habitus durch die grössere Höhe des letzten Umgangs, die grössere Zahl der Suturalfalten und das Vorhandensein einer nach vorn ziehenden Verlängerung unten an der Mondfalte entfernt. Von canalifera Rssm., der sie in der Form der Mündung nahe steht, nach direktem Vergleich mit dem Originalexemplar durch das weniger walzenförmige, hellere Gehäuse, den nur fein gestreiften letzten Umgang, die nicht bis an den Mundrand fortsetzende Unterlamelle und das Fehlen der so charakteristischen Gaumenfalten scharf unterschieden.

† Sect. XXXIV. Pirostoma v. Möllendorff.

Nachrichtsbl. d. d. Malakozool. Ges., 1875, S. 27.

Ich nehme diese Section mit Ausschluss des Formenkreises der Cl. olympica Friv. ganz im Sinne v. Möllendorff's, indem ich seine Anordnung nur unwesentlich verändere. Fossil ist dieselbe in zahlreichen Arten bekannt, die aber sämmtlich zeitlich nicht tiefer als das untere Pleistocän reichen und auch noch in der Jetztzeit verbreitet sind. Ich werde die betreffenden fossilen Arten gleich nach der Aufzählung der Species jeder einzelnen Gruppe einfügen.

Hier die mir am ungezwungensten erscheinende Anordnung:

a. Gruppe der Bergeri Meyer.

(Erjavecia Brus. Malac. Croat. S. 21 = Trigonostoma v. Vest, Verhandl. etc. S. 193).

Fossil unbekannt.

* Bergeri Meyer. Baiern, Salzburg. Kärnthen, Krain.

b. Gruppe der rugosa Drap.

(Kuzmicia Brus. Malac. Croat. S. 21 = Iphigenia Gray bei v. Vest. Verhandl. etc. S. 194 und v. Möllendorff a. a. O., S. 27).

Fossil in pleistocänen Schichten in 5 noch lebenden Arten nachgewiesen.

1) Formenkreis der Schmidti Pfr.

* Schmidti Pfr. Kärnthen, Krain. Friaul.
 * var. rablensis Gall. Kärnthen, Küstenland.

2) Formenkreis der Villae Mühlf.

Mellae Stab. Piemont.
* exoptata A. Schm. Lombardei.
* Villae Mühlf. Oberitalien.
 * var. Whatelyana Villa. Oberitalien.

3) Formenkreis der rugosa Drap.

* parvula Stud. Mitteleuropa.
 *? var. minor A. Schm. Mitteleuropa.
 var. major A. Schm. (= * perexilis Bgt.). Mitteleuropa.
* approximans Z. Krain.
portensis Luso da Silva. Portugal.
* Tettelbachiana Rssm. Oesterreichische Alpenländer.
*? dubia Drap. Mitteleuropa.
 * var. speciosa A. Schm. (= * Gobanzi Parr.). Kärnthen, Deutschland.
 var. Sordellii Ad. Oberitalien.
 * var. vindobonensis A. Schm. Wien, Kärnthen.
 var. transsylvanica A. Schm. Siebenbürgen.
 var. gracilis C. Pfr. Heidelberg.
 var. Schlechti Zel. Oesterreichische Alpenländer.
 * var. obsoleta A. Schm. Schweiz, Deutschland.

rugosa Drap. Westeuropa.
var. minor A. Schm. Frankreich.
var. Rebondi Dup. Frankreich.
var. pyrenaica Chpr. Pyrenäen. Ariège.
* var. crenulata Risso (= * Isseli Villa). Nizza.
nana K. Süd-Frankreich.
* Moniziana Lowe (= subuliformis K.). Portugal.
*† nigricans Pult. Nord- und Mittel-Europa.
var. septemtrionalis A. Schm. Nord-Europa.
Amiatae Mart. Toskana.
Bonellii Mart. Toskana.
*† cruciata Stud. Nord- und Mittel-Europa. Croatien.
* var. minima A. Schm. Schlesien.
var. carniolica A. Schm. Krain.
var. triplicata Hartm. Jura. Oberitalien.
var. gracilis A. Schm. Nordeuropa. Deutschland.
*† pumila Z. Nord- und Mitteleuropa.
var. maxima A. Schm. Rumelien.
var. major A. Schm. Banat.
var. fuscosa Parr. Krain.
* var. leptostoma Z. (= * Sabljari Brus.). Croatien.
var. corticalis Parr. Krain.
var. succosa A. Schm. Siebenbürgen.
subsp. personata Westerl. Schweden.
* Grimmeri Parr. Steiermark. Siebenbürgen.

Zu diesem Formenkreis gehören ausserdem noch die mir unbekannten:
sejuncta A. Schm. Schweden.
Ommae Westerl. Schweden.
connectens Westerl. Schweden.

Fossil sind mir von der Subsect. Kuzmicia folgende 5 Arten bekannt geworden:

***† 48) Clausilia (Kuzmicia) parvula Stud. var. minor A. Schm.**

Studer, kurz. Verz. S. 89; A. Schmidt, Krit. Gruppen S. 33, Taf. IV. Fig. 69—71 und Taf. X, Fig. 189 und 190; Sandberger, Vorwelt S. 800, Taf. XXXVI, Fig. 18—18 b.

Fossil in Mittel-Europa vom Unter-Pleistocän bis lebend.

Abgesehen von den bei Sandberger aufgezählten Fundpunkten ist mir diese Species in der oben bezeichneten Varietät noch aus mittelpleistocänen Spaltenausfüllungen im Landschneckenkalk von Hochheim (Prof. von Fritsch; Exemplare im Senckenberg'schen Museum) und aus gleichaltem Thallöss zwischen Gross-Umstadt und Höchst im Odenwald (K. Jung), von Oestringen (Dr. E. Cohen in Heidelberg) und von Laupelt bei Schriesheim in Baden (von dems.), von Handschuhheim (von dems.) und von Neuenheim bei Heidelberg

(Dickin), von Bad Weilbach (K. Jung) und Hofheim i. Taunus, sowie aus oberpleistocaenem Kalktuff von Geblar bei Geisa (Prof. von Koenen) bekannt geworden. J. Colbeau erwähnt sie ausserdem noch aus dem oberpleistocänen Kalktuff von Marche-les-Dames (Prov. Namur).

†† 49) Clausilia (Kuzmicia) dubia Draparnaud.

Drap., Hist. nat., S. 70, Taf. IV, Fig. 10; A. Schmidt, Krit. Gruppen S. 40, Taf. V., Fig. 86—99 und Taf. X, Fig. 193—198; Sandberger, Vorwelt S. 799, Taf. XXXVI, Fig. 19—19 b.

Fossil in Deutschland und Oesterreich vom Unter-Pleistocän bis lebend.

Ich kenne die Art, abgesehen von den bei Sandberger erwähnten Fundorten, noch aus dem mittelpleistocänen Thallöss von Neuenheim bei Heidelberg (Dickin), vom Hirschkopf bei Weinheim (Dr. E. Cohen in Heidelberg) und von Laupelt bei Schriesheim in Baden (von dems.), sowie aus oberpleistocänen torfigen Schichten von Dermbach in der Rhön (Prof. von Koenen).

†† 50) Clausilia (Kuzmicia) nigricans Pulteney.

Pulteney, Cat. Dorset. 1799, S. 46; A. Schmidt, Krit. Gruppen S. 47, Taf. VI, Fig. 110—115 und Taf. XI, Fig. 204—206.

War bis jetzt nur lebend bekannt.

Ich fand sie im mittelpleistocänen Thallöss von Laupelt bei Schriesheim in Baden (Dr. E. Cohen in Heidelberg) und mit Pisidien und Deckeln von Bithynia zusammen in einem Sande, den ich für oberpleistocän zu halten geneigt bin, circa 10' über dem Spiegel des Laacher Sees, in unmittelbarer Nähe des Ufers.

†† 51) Clausilia (Kuzmicia) cruciata Studer.

Studer, Kurz. Verz., S. 89; A. Schmidt, Krit. Gruppen S. 49, Taf. VI., Fig. 116—121 und Taf. XI, Fig. 207—208; Sandberger, Vorwelt S. 799.

Fossil bis jetzt nur im Unter-Pleistocän von Mosbach und lebend. Ich fand sie auch nicht selten im unterpleistocänen Sande von Schierstein a. Rh.

†† 52) Clausilia (Kuzmicia) pumila Z.

Pfeiffer, Naturgesch. III., S. 41, Taf. VII., Fig. 16; A. Schmidt, Krit. Gruppen, S. 51, Taf. VII., Fig. 122—129 und Taf. XI., Fig. 209—212; Sandberger, Vorwelt S. 798, Taf. XXXIII., Fig. 36—36 b und Taf. XXXV., Fig. 27—27 b.

Fossil im deutschen und österreichischen Unter-Pleistocän bis lebend.

Von neuen Fundpunkten weiss ich noch torfige oberpleistocäne Schichten von Dermbach i. d. Rhön (Prof. von Koenen) anzuführen.

† c. Gruppe der plicatula Drap.

(Pirostoma v. Vest, Verhandl. etc. S. 192; v. Möllendorff, a. a. O., S. 28.)

Fossil in pleistocänen Schichten in 3 noch lebenden Arten nachgewiesen.

1) Formenkreis der plicatula Drap.

densestriata Z. Oesterreichische Alpenländer.

* latestriata Blz. Galizien, Siebenbürgen, Banat.

var. gracilior A. Schm.

var. major A. Schm. Galizien.

Oreas Westerl. Schweden.
scanica Westerl. Schweden.
*† plicatula Drap. (= * carpathica Schmidt). Mitteleuropa.
* var. superflua Mühlf. Kärnthen. Tirol. Oberitalien.
var. nana Parr. Schlesien.
var. Schwabi Zel.
var. montana Mouss. Schweiz. Tirol.
var. inuncta Parr. Mähren. Galizien.
var. cruda Z. Karpathen.
* var. major A. Schm. Kärnthen.
var. apennina Issel. Apennin.
* mucida Z. (= * Eggeri Frauenf.) Alpen.
* var. fontana F. J. Schm. Krain.
* badia Z. Oesterreichische Alpenländer.
var. minor A. Schm. Grünschacher Alp.
var. cerasino-brunnea A. Schm. Kärnthen.
* carinthiaca A. Schm. Kärnthen.
* asphaltina Z. Tirol. Illyrien.
var. ventricosa A. Schm. Oberkrain.
var. lineolata A. Schm. Kärnthen.
* lineolata Held. Mitteleuropa. Krain.
var. attenuata Z. Süddeutschland. Tirol.
var. modulata Parr. (= * var. lariensis Pini). Tirol. Lombardei.
var. tumida Parr. Südfrankreich.

2) Formenkreis der ventricosa Drap.

*† ventricosa Drap. Mitteleuropa.
var. gracilior A. Schm. Banat.
var. tumida A. Schm. Stixenstein.
var. major A. Schm. Steiermark.
* var. latestriata Brus. Croatien.
† Rolphi Leach. Mitteleuropa.
var. minor A. Schm. Banat.
* tumida Z. Deutschland bis Siebenbürgen.
var. minor Scholtz. Deutschland.

Von der Subsection **Pirostoma** sind mir folgende drei Arten auch fossil bekannt geworden:

***† 53) Clausilia (Pirostoma) plicatula Drap.**

Draparnaud. Hist. nat., S. 72. Taf. IV., Fig. 17 und 18; A. Schmidt. Krit. Gruppen S. 23. Taf. III., Fig. 43—51. Taf. IX. u. X., Fig. 176—182; Sandberger. Vorwelt S. 924. Taf. XXXV., Fig. 28—28b.

Fossil nur an wenigen Orten in Deutschland: oberpleistocän bis lebend. Ich kenne sie auch aus dem oberpleistocänen Kalktuff von Oechsen bei Dermbach i. d. Rhön (Prof. von Koenen).

***† 54) Clausilia (Pirostoma) ventricosa Drap.**

Draparnaud, a. a. O., S. 71, Taf. IV., Fig. 14; A. Schmidt, a. a. O., S. 11, Taf. I., Fig. 1—5 und Taf. IX., Fig. 158 und 159; Sandberger, Vorwelt S. 801, Taf. XXXV., Fig. 29—29 b.

Fossil an mehreren Orten in Deutschland und Oesterreich; unterpleistocän bis lebend. Ich fand sie ausserdem noch in den oberpleistocänen Kalktuffen von Oechsen bei Dermbach in der Rhön (Professor von Koenen) und von Geblar bei Geisa (von dems.).

† 55) Clausilia (Pirostoma) Rolphi Leach.

Leach, in Gray Nat. arr. Moll. in Med. repos. XV., 1821, S. 239; A. Schmidt, a. a. O., S. 12, Taf. I., Fig. 6—9 und Taf. IX., Fig. 160 und 161; Sandberger, Vorwelt S. 939.

Fossil bis jetzt nur aus englischem Oberpleistocän, und lebend.

† d. Gruppe der concilians A. Schm.

(Graciliaria Bielz in Fauna d. Land- u. Süssw. Moll. Siebenbürgens, II. Aufl., Hermannstadt 1867, S. 150; v. Vest, Verhandl. etc., 1867, S. 192; v. Möllendorff, a. a. O., S. 27).

Fossil in pleistocänen Schichten in 2 noch lebenden Arten nachgewiesen:

1) Formenkreis der concilians A. Schm.

caucasica Parr. Kaukasus.
* Strobeli Porro (= * Stabilei Chpr.) Südschweiz, Tirol, Oberitalien.
* var. brembina Strob. Bergamo.
* styriaca A. Schm. Steiermark.
* corynodes Held (= * gracilis Rssm.) Süddeutschland und Alpenländer, südl. bis ins Trentino.
*† var. minor A. Schm. Südbaiern; foss. ziemlich verbreitet in Deutschland u. Oesterreich.
* concilians A. Schm. Siebenbürgen, Wallachei.
var. undulata Parr. Siebenbürgen.

2) Formenkreis der filograna Z.

* gallinae Blz. Siebenbürgen.
*† filograna Z. Deutschland, Oesterreich, Croatien.
* var. sancta Cless. Baiern.
var. minor A. Schm. Norddeutschland.
var. transsylvanica A. Schm. Siebenbürgen.
var. catarrhactae Blz. Siebenbürgen.

Bis jetzt sind nur folgende zwei auch noch lebend vorkommende Species in fossilem Zustande gefunden worden:

***† 56) Clausilia (Graciliaria) corynodes Held var. minor A. Schm.**

Held in Okens Isis 1836, S. 275; Rossmässler, Iconogr. VII., S. 24, Fig. 489 (gracilis non C. Pfr.); A. Schmidt, a. a. O., S. 55, Taf. VII., Fig. 134—137 und Taf. XI., Fig. 214 u. 215 (gracilis); Sandberger, Vorwelt S. 881, Taf. XXXVI, Fig. 20—20 b (gracilis).

Fossil an verschiedenen Orten in Deutschland und Oesterreich; unterpleistocän bis lebend. Ausser den bei Sandberger angeführten Fundpunkten kenne ich die Art noch aus dem unterpleistocänen Sand von

Schierstein am Rhein und aus den mittelpleistocänen Thallössen von Birkenau im Odenwald (Dr. E. Cohen in Heidelberg) und vom Hirschkopf bei Weinheim in Baden (von dems.), an welchen 3 Punkten die Art nicht so ganz selten zu sein scheint.

† 57) Clausilia (Graciliaria) filograna Z.

Rossmässler, Iconogr. IV., S. 17, Fig. 264; A. Schmidt, a. a. O., S. 59, Taf. VIII., Fig. 155—157 und Taf. XI., Fig. 221—223; Sandberger, Vorwelt S. 923, Taf. XXXV., Fig. 30—30b.

Fossil bis jetzt nur aus dem Tuff von Weimar bekannt; oberpleistocän bis lebend.

Schliesslich sei noch als zur Section Pirostoma gehörig der mir unbekannten Cl. hepatica K. Erwähnung gethan.

† Sect. XXXV. Laminifera Boettger.

Dunker u. Meyer's Palaeontogr., Bnd. X., 1863, S. 314; Pfeiffer, Monogr. Helic. viv., Bnd. VIII., 1877, S. 541.

Char. Testa mediocris vel parva, tenuis, neniaeformis, sinistrorsa. Apertura latitudine altitudinem superante, oblique piriformis. Lamella supera cum spirali continua. Plica palatalis longa; lunella perfecta, plerumque conspicua, plicis palatalibus nullis, aut deficiens, plica palatali infera callosa rudimentali compensata. Anfractus ultimus coarctatus, a penultimo solutus, protractus, basi rotundatus. Testa lamina triangula, plus minus conspicua, umbilicum claudente instructa, haud decollata, costata vel striata. Clausilium integrum, tortum, apice lanceolato.

Die mittelgrosse bis kleine Schale ist dünnwandig und wie bei Nenia linksgewunden. Die schiefgestellte birnförmige Mündung ist stets breiter als hoch. Spirallamelle in die Oberlamelle verlaufend. Nur die Principalfalte, und entweder mit vollkommen entwickelter, meist in der Mündung deutlich sichtbarer gekrümmter Mondfalte (bei den fossilen Arten) oder an Stelle der Lunelle mit einer rudimentaren callösen unteren Gaumenfalte (bei der lebenden Art). Der letzte Umgang ist verschmälert, vom vorletzten losgelöst und vorgezogen, an der Basis gerundet, ohne Kiel und nur selten mit schwachem Nackeneindruck. Die nie decollierende, gerippte oder gestreifte Schale zeigt ein oft sehr deutliches dreieckiges, den Nabel schliessendes Feldchen. Das Clausilium ist ganzrandig, Sförmig gedreht, unten lanzettförmig zugespitzt.

Diese in ziemlich zahlreichen, bis jetzt auf das Oligocän und Miocän beschränkten Arten fossil, und in der einzigen Cl. Pauli Mabille aus den Pyrenäen lebend bekannte Section bildet einen sehr natürlichen Formenkreis, der sich einerseits an die Section Graciliaria Bielz anlehnt, andererseits und noch mehr aber an die Section Nenia H. et A. Adams erinnert. Von letzterer, bis jetzt übrigens nur lebend bekannten Gruppe unterscheiden sich die Arten von Laminifera jedoch leicht durch die kleinere und dünnere Schale, das Vorhandensein einer Mondfalte oder doch wenigstens einer dieselbe vertretenden unteren Gaumenfalte, die nie decollierende Spitze, die Form der weniger umgeschlagenen Mündung, das eigenthümliche Nabelfeld und die, wie es scheint, auch wesentlich anders angelegte Sculptur. Nichtsdestoweniger nähern sich von lebenden Nenien, wie ich schon im Bericht d. Senckenberg. Naturforsch. Gesellsch. 1873—74, S. 66 auseinandergesetzt habe, Cl. (Nenia) Blandiana Pfr. (Proc. Zool. Soc. 1855, S. 210 und

Küster, Clausilia S. 300, Taf. XXXIV., Fig. 12—14) von Columbien und Adamsiana Pfr. (Proceed. Zool. Soc. 1860, S. 140 und Monogr. Helic., Bnd. VI., 1868, S. 518) von Peru durch das Vorhandensein einer Mondfalte und das nicht decollierende Gehäuse dieser Section einigermassen, doch glaube ich jetzt, dass es immerhin gewagt sein möchte, diese Arten ohne direkte Vergleichung zu Laminifera zu stellen. Jedenfalls sind die wie bei allen Nenien auffallend solide Schale, die bedeutendere Grösse und die weniger in die Quere gezogene Mündung Eigenthümlichkeiten, die eine direkte Vereinigung derselben mit den Arten der Gruppe Laminifera wenig wahrscheinlich erscheinen lassen.

Wir müssen diese Section demnach als ein Verbindungsglied zwischen der altweltlichen Section Graciliaria zur amerikanischen Section Nenia auffassen, welch' letztere in neuerer Zeit besonders Dohrn und Kobelt sogar als eigene Gattung neben Clausilia und Cylindrella gestellt wissen wollen, die in früheren Erdperioden reich entwickelt, in der Jetztzeit nur noch einen wenig modifizierten Vertreter aufzuweisen hat, der sich auf eine günstige Stelle des Hochgebirgs zurückgezogen und analog wie die wenigen noch lebenden Serrulinen im Kaukasus und die Charpentierien in den Alpen der Konkurrenz mit neueren und besser organisierten Formenkreisen getrotzt hat.

Der so umgränzten Section Laminifera gehören bis jetzt meines Wissens folgende 8 Arten an:

a. Gruppe der Pauli Mabille. (Pyrenaica m.).

Loco lamellae deficientis plica palatalis infera callosa rudimentalis; lamella subcolumellaris in profundo subtruncata. Pyrenäen.

* Pauli Mabille Hoch-Pyrenäen.

†† **b. Gruppe der rhombostoma Boettger.** (Laminifera sens. str.).

Lamella perfecta; subcolumellaris in profundo minus conspicua, non truncata.

Nur fossil vom Unter-Oligocän bis ins Unter-Miocän.

*†† abnormis Boettg. Unter-Miocän. Hochheim.
*†† mira Slavik. Unter-Miocän. Nordböhmen.
*†† neniaeformis Boettg. Mittel-Oligocän. Rheinhessen.
*†† didymodus Boettg. Unter-Miocän. Hochheim.
*†† flexidens Boettg. Mittel-Oligocän. Rheinhessen.
*†† rhombostoma Boettg. Unter-Miocän. Hochheim.
†† n. sp. Unter-Oligocän. Arnegg bei Ulm.

Ich lasse nun meine Beobachtungen an den früher schon bekannten und die Beschreibung der neuen Art folgen:

***†† 58) Clausilia (Laminifera) abnormis Boettger.**

Palaeontogr. Bnd. X., S. 317, Taf. LI., Fig. 19—21; Pfeiffer, Monogr. Helic. viv., Bnd. VIII. 1877. S. 545.

Diese Art hat sich seit dem Jahr 1861 nicht wieder gefunden. Ich besitze nur eine Mündung derselben — alles, was bis jetzt von der Species bekannt ist — aus dem unter-miocänen Landschneckenkalk von Hochheim.

Näher verwandte fossile oder lebende Arten fehlen bis jetzt.

*†† 59) Clausilia (Laminifera) mira Slavik.

(Taf. IV, Fig. 41 a—e).

Arch. f. d. naturwiss. Landesdurchforsch. v. Böhmen. I., S. 264, Fig. 57.

Da der eben citierte Holzschnitt bei Slavik die Form der genannten untermiocänen Art nicht ganz getreu wiedergibt und auch wenigstens das eine der beiden Tuchoritzer Exemplare, welche mir Herr Dr. C. Schwager in München anzuvertrauen die Güte hatte, besser erhalten ist, als das dort abgebildete Stück, so habe ich mir erlaubt, die Art nochmals zu zeichnen.

Der sehr getreuen Slavik'schen Beschreibung habe ich nur hinzuzufügen, dass die Mündung sehr stark quergestellt und der Mundsaum mit Ausnahme des Sinulus überall stark umgeschlagen ist. Die Subcolumellarlamelle endigt vorn auf dem Peristom in einer schiefstehenden kräftigen Falte, die wie die Unterlamelle übrigens lange vor dem äussersten Saum der Mündung erlischt. Die kurze starke Principalfalte reicht hinten noch etwas über die von vorn deutlich sichtbare wenig gebogene Mondfalte hinaus.

Grösse. Höhe der beiden letzten Umgänge 5 mm., grösste Breite 1,8 mm., Höhe der Mündung 1,6 mm., Breite derselben 1,8 mm.

Foss. Verw. Slavik vergleicht diese Art mit meiner abnormis von Hochheim, sagt aber weiter a. a. O. S. 266, die Aehnlichkeit derselben beschränke sich nur auf die Anordnung der Lamellen, die nur in Kleinigkeiten abweiche; der ganze Habitus des Gehauses sei sonst ein wesentlich anderer. Auch sei mira auffallend kleiner als diese. Ich will zu dieser im Allgemeinen richtigen Charakteristik nur hinzufügen, dass bei Cl. (Laminifera) mira sich ausserdem die Mundöffnung bedeutend breiter zeigt, und dass die Art demnach in Grösse und Form der Mündung sich besser mit Cl. (Laminifera) neniaeformis m. aus dem rheinhessischen Mittel-Oligocän vergleichen lässt. Die Längsdepression auf dem Nacken, eine Folge der geringen Krümmung der Mondfalte, kommt in ähnlicher Weise keiner weiteren bekannten fossilen Art dieser Section zu.

Leb. Verw. Durch die eben genannte Längsdepression nähert sich die Art der noch lebenden Cl. (Laminifera) Pauli Mabille aus den Hochpyrenaen, bei der die Lunelle sogar zu einer rudimentaren callösen unteren Gaumenfalte umgebildet ist, ohne aber sonst nähere Beziehungen zu derselben zu bieten, als die übrigen fossilen Arten der Gruppe.

*†† 60) Clausilia (Laminifera) neniaeformis Boettger.

(Taf. IV, Fig. 42 a—e).

Boettger i. Ber. d. Senckenberg'schen Naturf. Ges. 1873—74, S. 65; Pfeiffer, Monogr. Helic. viv., Bd. VIII, 1877, S. 518.

Char. Testa parva, fusiformis, gracilis, striis simplicibus obsoletis, modice obliquis, in anfractu ultimo validioribus ornata. Umbilicus lamina parva triangulari clausus. Anfractus circiter 12, subplani, suturis impressis disjuncti, penultimus longior, ultimus longissimus, deorsum attenuatus, coarctatus, vahie solutus. Apertura parva, transversa, piriformis, subtus rotundata; peristoma continuum, liberum, superne et margine columellari magis expansum, undique reflexum. Lamella supera valida, verticalis, marginalis, cum lamella spirali continua: infera extus non conspicua, approximata; subcolumellaris immersa. Lunella longa, extus conspicua, satis arcuata, angulo acuto cum plica principali parva, suturae parallela, juncta.

Die ziemlich kleine, schlanke, spindelförmige Schale ist fast glatt und nur mit wenig deutlichen, einfachen, mässig schiefgestellten Anwachsstreifchen versehen, die nur auf dem gerundeten Nacken etwas stärker hervortreten. Der Nabel ist wie bei allen Arten dieser Section mit einer kleinen dreieckigen Platte geschlossen.

Die circa 12 Umgänge sind sehr flach, aber durch tief eingesenkte Nähte getrennt, der vorletzte ist stark, der letzte auffallend verlängert, nach unten verschmälert, etwas zusammengedrückt, verdreht und frei abgelöst. Die kleine birnförmige, unten regelmässig gerundete Mündung steht quer und ist infolge dessen breiter als hoch. Der freie, zusammenhängende, weit losgelöste, besonders oben und an der Spindelseite stark ausgebreitete Mundsaum ist überall schwach umgeschlagen. Die mächtige, senkrecht gestellte Oberlamelle tritt weit heraus bis an den Mundsaum, ist noch in der Seitenansicht deutlich sichtbar und läuft nach hinten in die Spirallamelle über. Unter- und Subcolumellarlamelle sind von aussen nicht zu sehen. Die erstere zeigt sich erst bei ganz schrägem Einblick als sehr tiefliegende, aber kräftige, der Oberlamelle nahe gerückte und mit ihr parallel laufende Falte, die Subcolumellarlamelle nur bei aufgebrochenen Stücken als starke vertikal aufsteigende Falte. Die Principalfalte ist kurz und bildet mit der sich an ihr Ende anlegenden langen, von aussen in der Mündung gerade noch sichtbaren, etwas gebogenen Mondfalte einen Winkel von 45°.

Grösse. Muthmassliche Höhe der Schale 12—13 mm., grösste Breite 2—2¹/₄ mm. Höhe der Mündung 1³/₄ mm.; Breite derselben 1³/₄ mm.

Fundort und foss. Verw. Diese mitteloligocäne, in den Schleichsanden des unteren Cyrenenmergels von Elsheim und Stadecken in Rheinhessen gelegentlich vorkommende, leider aber noch nicht ganz vollständig bekannte Species hat nahezu Form und Grösse, sowie Totalgestalt der Mündung wie die in Palaeontogr. Bd. X. S. 316 beschriebene und daselbst Taf. LI, Fig. 16—18 abgebildete Cl. (Laminifera) didymodus Boettg. aus dem untermiocänen Landschneckenkalk von Hochheim, unterscheidet sich aber von ihr durch noch flachere Windungen, höheren, schlankeren und mehr eingeschnürten letzten Umgang und besonders dadurch, dass die Unterlamelle noch tiefer in der Mündung liegt als bei didymodus, und die Subcolumellarlamelle bei gut erhaltenen Stücken so versteckt in der Mündung steht, dass sie von aussen in keiner Lage gesehen werden kann, während sie bei letzterer als starke Falte auf dem Peristom endet. Auch sind die Anwachsstreifchen zarter als bei didymodus und werden nur auf dem Nacken kräftiger.

*†† 61) Clausilia (Laminifera) didymodus Boettger.

Palaeontogr. Bd. X. S. 316, Taf. LI, Fig. 16—18; Pfeiffer, Monogr. Hel. viv., Bd. VIII. S. 546.

Auch diese Art hat sich seit dem Jahre 1861 nicht wieder gefunden. Das einzige bekannte nicht ganz vollständig erhaltene Exemplar aus dem untermiocänen Landschneckenkalk von Hochheim befindet sich noch in meinem Besitz.

Die Beziehungen dieser Art zu der älteren neniaeformis sind schon bei dieser erörtert worden.

*†† 62) Clausilia (Laminifera) flexidens Boettg.
(Taf. IV. Fig. 43 a—d.)

Boettger im Ber. d. Senckenberg'schen Ges., 1873—74, S. 66; Pfeiffer, Monogr. Helic. viv., Bd. VIII, S. 547.

Char. Testa mediocris, fusiformis, striis simplicibus permultis, subtilissimis, vix conspicuis, modice obliquis, in anfractu ultimo validioribus ornata. Umbilicus lamina minore triangulari clausus. Anfractus modice convexi, suturis impressis disjuncti; ultimus cervice applanato parum attenuatus, solutus. Apertura mediocris, transversa, ovalis, subtus rotundata; peristoma continuum, liberum, parum expansum, undique reflexum. Lamellae marginem attingentes, approximatae; supera magna, subverticalis, marginem superum aliquantum excedente, cum lamella spirali conjuncta; infera parva, lamellae superae intus parallela; subcolumellaris maxima pliciformis valde conspicua, intus subverticalis. Interlamellare excavatum. Inter lamellam inferam subcolumellaremque plicae duae simplices validae, marginem attingentes. Plica principalis brevis, a sutura retrorsum divergens: lunella arcuata, elongata, sicut principalis extus conspicua.

Die mittelgrosse, fast bauchig-spindelförmig zu nennende Schale ist nahezu glatt mit äusserst feinen einfachen, nur an der Naht etwas gebogenen, mässig schiefgestellten Anwachsstreifchen versehen, die nur auf dem kiellosen abgeflachten Nacken als zahlreiche sehr feine scharfe Rippchen deutlicher sichtbar werden. Auch bei dieser Art ist der Nabel mit einer verhaltnissmässig sehr kleinen dreieckigen Platte geschlossen. Die Umgänge sind deutlich gewölbt und durch tiefliegende Nähte von einander geschieden; der letzte ist verhältnissmässig weniger verlängert, nach unten schwach verschmälert, aber etwas zusammengedrückt, verdreht und ziemlich stark losgelöst. Die mässig grosse Mündung ist queroval, breiter als hoch und unten regelmässig gerundet. Der freie, losgelöste Mundsaum ist wenig ausgebreitet und überall deutlich umgeschlagen, aber nur sehr schwach gelippt, im Innern mit einer leichten dem Rand parallelen, halbmondförmigen Schwiele. Die Lamellen reichen bis an den Mundsaum und rücken verhältnissmässig sehr nahe an einander. Die Oberlamelle tritt als kräftige, nahezu senkrechte Falte vorn etwas über den Mundsaum vor, während sie hinten mit der Spirallamelle vollkommen vereinigt ist. Die Unterlamelle ist aussen nur als kleine Falte sichtbar, innen aber der Oberlamelle genähert und derselben parallel laufend. Das Interlamellar ist tief ausgekehlt. Die als mächtige halbmondförmige Falte auf dem Mundsaum sichtbare Subcolumellarlamelle steigt innen, hoch hinauf sichtbar, in nahezu senkrechter Richtung bogig nach aufwärts. Zwischen ihr und der Unterlamelle liegen 2 lange, kräftige, ungegabelte, bis an den Mundsaum reichende Falten. Die starke Principalfalte ist — von vorn in die Mündung gesehen — in ihrer ganzen Länge als mit der Naht nach hinten stark divergierende kurze Falte zu erkennen, an die sich hinten die gleichfalls weit nach vorn gerückte, in der Tiefe der Mündung sichtbare, lange, besonders oben gebogene Mondfalte unter einem Winkel von 45° anlegt.

G r ö s s e. Höhe der beiden letzten Windungen 9 mm., grösste Breite 3 mm. Höhe der Mündung $2^3/_4$ mm., Breite derselben 3 mm.

F u n d o r t. Auch diese im Schleichsande von Elsheim und Stadecken in Rheinhessen vorkommende mitteloligocäne Art, die leider ähnlich der andern daselbst gefundenen Laminifera noch nicht in vollständigen Exemplaren vorgekommen ist, gehört zu den selteneren Arten. Vermuthlich dieselbe Art kommt auch in den gleichalten Meeressanden vom Lindberg bei Waldböckelheim in der Nähe von Kreuznach als grösste Seltenheit in Bruchstücken vor. Ich besitze ein in Form und Grösse mit den Elsheimer Exemplaren übereinstimmendes Embryonalende mit drei Windungen von dort.

F o s s. V e r w. Cl. f l e x i d e n s steht unter den bekannten fossilen Arten dieser Section der Cl. (Laminifera) r h o m b o s t o m a Boettg. aus dem untermiocänen Landschneckenkalk von Hochheim (Palaeontogr., a. a. O., S. 314, Taf. LI, Fig. 9—11) am nächsten, unterscheidet sich aber durch um die Hälfte bedeutendere Grösse und Breite der Schale — sie ist bis jetzt die grösste Species der Section — und den Mangel der Rippenstreifung. Obere, untere und Subcolumellarlamelle sind äusserlich sehr ähnlich gestellt und geformt wie bei Cl. rhombostoma, zwischen Unter- und Subcolumellarlamelle liegen ebenfalls 2 starke Falten, eine obere grössere und eine untere kleinere, die aber ebenso wenig wie die Lamellen auf dem Peristom dichotomieren, wie es bei rhombostoma Regel ist. Auch ist die Unterlamelle im Innern bei beiden Arten verschieden gebildet.

*†† 63) Clausilia (Laminifera) rhombostoma Boettger.

Boettger in Palaeontogr., Bd. X., S. 314, Taf. LI, Fig. 9—15: Sandberger, Vorwelt S. 391, Taf. XXIII, Fig. 5—5d: Pfeiffer, Monogr. Helic. viv., Bd. VIII., S. 549.

Die im Jahre 1861 nicht so ganz seltene Art hat sich, wie die übrigen Laminiferen des Landschneckenkalks von Hochheim, in neuerer Zeit nicht wieder gefunden. Zahlreiche Exemplare derselben befanden sich seiner Zeit in der Sammlung des jetzigen Professors der Anatomie in Göttingen, Dr. K. Ponfick. Ich selbst besitze nur die gut erhaltene untere Hälfte des Gehäuses mit der Mündung und zwei Schliessknöchelchen derselben.

Foss. Verw. Die Beziehungen dieser Art zu der älteren flexidens sind schon bei dieser erörtert worden.

Leb. Verw. In Grösse, Form und Sculptur kommt rhombostoma unter allen fossilen Arten dieser Gruppe der lebenden Cl. (Laminifera) Pauli Mabille aus den Pyrenäen am nächsten, unterscheidet sich aber unschwer durch die schon bei Besprechung der Sectionsmerkmale erwähnten Eigenthümlichkeiten der Mondfalte und der Subcolumellarlamelle, sowie auch durch das Fehlen der für die lebende Art charakteristischen Nackenfurche.

*†† 64) Cl. (Laminifera) n. sp.

Eine eingehende Beschreibung dieser ältesten bekannten Laminifera ist leider unmöglich, da der Steinkern mit den zwei letzten Windungen, der in meinem Beisein von Herrn Dr. K. Miller im unteroligocänen Kalk von Arnegg bei Ulm gefunden wurde, zu schlecht erhalten war.

Der letzte Umgang der kleinen, schlankgebauten Species ist wie gewöhnlich bei dieser Section halsartig verlängert, gedreht, die Mündung abgezogen und klein. Die beiden Lamellen sind einander nahe gerückt. Skulptur ist im Abdruck nicht zu erkennen; jedenfalls kann die Species also nicht stark costuliert gewesen sein.

Ich muss mich somit darauf beschränken, auf die interessante Art aufmerksam zu machen.

Sect. XXXVI. Nenia H. et A. Adams.

Albers' Heliceen, II. Ausg. v. Martens, 1860, S. 285.

Diese bislang nur lebend in Süd- und Mittel-Amerika beobachtete Section gehört zu den am seltensten in Sammlungen vertretenen. Bis auf 2 Arten scheinen dieselben nur in einzelnen Stücken nach Deutschland gekommen zu sein und selbst von diesen ist nur Cl. (Nenia) tridens Chemn. häufiger in Privatsammlungen vertreten. Infolge dessen muss ich von einer eingehenden Gliederung dieser Section absehen, doch habe ich wenigstens nicht versäumt, die beiden sich an Laminifera anschliessenden, nicht decollierenden Arten mit Mondfalte — Cl. (Nenia) Blandiana Pfr. und Adamsiana Pfr. — an den Anfang der Reihe zu stellen.

Blandiana Pfr. Sta. Fé de Bogota.
Adamsiana Pfr. Peru.

cyclostoma Pfr.

Raimondi Phil. Peru.
epistomium K. Neugranada.
* tridens Chemn. Puertorico.
Karsteniana Shuttlew. Sta. Fé de Bogota.
maranhonensis Alb. Columbia.
Dohrni Pfr. Venezuela.
malleolata Phil. Peru.
peruana Trosch. Peru.

Crossei Hid. Ecuador.
Angrandi Mor. Peru.
andecola Mor. Peru.
Bartletti H. Ad. Ostperu.

perarata Mart. Neugranada.
Buckleyi Higg. Ecuador.

Bourcieri Pfr. Ecuador.

†† Sect. XXXVII. Disjunctaria m.

Char. Plica principalis valida. Lamella spiralis conspicua, a lamella supera disjuncta, multum distans, promota; subcolumellaris intus valde torta. Peristoma plicatum. Testa paucispira, apice perobtuso, striata.

Eine starke Principalfalte: Spirallamelle nicht mit der Oberlamelle vereinigt und weit nach vorn zwischen dieselbe und die Mündungswand in der Mündung herauslaufend: Subcolumellarlamelle innen sehr stark gedreht. Peristom mit starken Falten belegt. Das oben auffallend stumpfe, gestreifte Gehäuse zeigt nur wenig Windungen.

Ich glaubte mich trotz der unvollständigen Erhaltung der einzigen bis jetzt bekannten fossilen Art — Cl. oligogyra n. sp. aus dem oberitalischen Ober-Eocän — berechtigt, auf dieselbe eine Section zu begründen, da sie sich in keiner der bekannten Gruppen unterbringen lasst. Der auffallende Habitus und die Beziehungen der Oberlamelle zur Spirallamelle verbieten eine Vereinigung mit Serrulina Mouss. Am besten wird die Section daher hier in die Nähe von Macroptychia unterzubringen sein, deren Arten sie sich in der äusseren Gestalt noch am meisten nähern dürfte.

*†† oligogyra n. sp. Ober-Eocän. Ronca.

Hier die Beschreibung derselben:

*†† 65) Cl. (Disjunctaria) oligogyra n. sp.
(Taf. IV, Fig. 48a und b).

Die leider an der Mündung etwas verletzte Schale ist regelmässig spindelförmig mit wenig verjüngtem, massigem Gewinde und stumpfem, oberem Ende und besteht aus 9 ziemlich gewölbten, hohen und breiten Umgängen, welche durch ziemlich tiefe Nähte getrennt sind und von welchen der letzte ein Drittel der Gesammthöhe erreicht. Vier davon sind glatt, auf dem fünften aber entwickeln sich bereits feine Querstreifen, die, allmählich schärfer werdend, auf dem letzten zu schwachen, nach unten hin weit kräftiger ausgebildeten, runzelartig hin und hergebogenen, meist dichotomierenden Querrippchen werden. Von der Mündung ist nur der sich an die Spindel anlehnende Theil erhalten. Der rechte Mundsaum ist oben überall angelöthet und wulstig verdickt. Die mächtige, wenig schief gestellte Oberlamelle setzt ziemlich tief ins Innere hinein, ist aber nicht mit der in schiefer Richtung neben ihr vorbeiziehenden, zwischen ihr und dem linken Mundrand weit nach vorn reichenden Spirallamelle vereinigt. Die gleich der Oberlamelle randständigen beiden anderen Hauptlamellen unterscheiden sich äusserlich nicht durch besondere Entwicklung vor den übrigen den rechten Mundsaum einengenden Falten; innen sind sie unter sich und mit der Oberlamelle nahezu parallel. Die schwache Unterlamelle ragt fast horizontal tief in die Mündung hinein, während die kräftiger entwickelte Subcolumellarlamelle hinten plötzlich scharf gedreht und wie abgeschnitten erscheint. Auf dem Interlamellar liegen 2, zwischen Unter- und Subcolumellarlamelle 1 und dicht unter der Subcolumelle noch 1 sehr starke Falte, sämmtlich bis an den äusseren Rand reichend und von nahezu derselben Grösse. Von Falten auf der Gaumenwand ist nur die starke Principalfalte deutlich zu sehen; nur undeutlich tief im Schlunde ist ein schwaches Rudiment des unteren Theils der Mondfalte oder einer unteren Gaumenfalte zu beobachten.

Grösse. Länge des abgebildeten Stückes 15 mm.; grösste Breite $4^{1}/_{4}$ mm.

Fundort. Diese merkwürdige Art, die bis jetzt nur in einem einzigen Exemplar gefunden zu sein scheint, stammt aus dem obereocänen schwarzen Tuff von Ronca, wo sie mit Helix (Obba) damnata Al. Brongn. vergesellschaftet vorkommt. Sie wurde mir auf zuvorkommende Weise aus dem K. palaeontolog. Museum in Berlin durch Herrn Geh. Reg.-Rath Prof. Beyrich mitgetheilt.

Foss. Verw. Aehnliche fossile Arten scheinen bis jetzt ganz zu fehlen. Insbesondere zeigen die in gleichalten Schichten Oberitaliens vorkommenden Cl. indifferens Sdg. und densicostulata Sdg. keine näheren Beziehungen zu ihr.

Leb. Verw. Ebensowenig existieren lebende Analoga. Die Gruppe der Claus. (Laciniaria) maesta Fér. hat zwar in Bezug auf die Form von Ober- und Spirallamelle und den gefalteten Mundsaum entfernte Aehnlichkeit, zeigt aber ganz andern Habitus und stets ausser der Principalfalte noch weit nach vorn liegende Gaumenfalten; eine nähere Verwandtschaft mit der Gruppe der Cl. (Serrulina) serrulata Midd. ist dagegen, abgesehen ebenfalls vom Habitus, schon durch die Verbindung von Ober- mit Spirallamelle ausgeschlossen. Die eigenthümliche Gestalt des Gewindes lässt mich aber vermuthen, dass nähere Beziehungen zu den afrikanischen Arten der Section Macroptychia vorhanden sind.

Sect. XXXVIII. Macroptychia m.

Char. Clausilium margine integro, angustum, canaliculatum, apice rotundato, incrassato (Jickeli). Plica principalis valida, plica palatalis supera unica obsoleta; lunella distincta. Lamella supera cum spirali continua; infera valida, biramosa: subcolumellaris immersa. Cervix bicristatus. Testa parva, paucispira, apice perobtuso, costulato-striata.

Das Clausilium ist nicht ausgerandet, schmal, rinnenförmig mit abgerundeter, verdickter Spitze. Die Principalfalte ist kräftig, die einzige obere Gaumenfalte rudimentär, die Mondfalte kräftig entwickelt. Oberlamelle mit der Spirallamelle vereinigt, Unterlamelle sehr stark entwickelt und vorn gabeltheilig. Subcolumellarlamelle versteckt. Nacken mit Doppelkiel. Schale klein mit wenig Windungen und sehr stumpfer Spitze, rippenstreifig.

Fossil unbekannt.

Hierher nur die beiden afrikanischen Arten:

senaariensis Pfr. Senaar.
dystherata Jick. Habab.

Sect. XXXIX. Boettgeria Heynemann.

Palaeontogr., Bnd. X., 1861. S. 311; Pfeiffer, Monogr. Helic. viv., Bnd. VIII., 1876. S. 473.

Die auf Madeira und Portosanto beschränkten Arten unterscheiden sich, wie ich früher schon a. a. O., S. 311 auseinandergesetzt habe, von Agathylla Ad., wohin sie von Albers u. a. gestellt worden sind, durch eine stets mit der Oberlamelle zusammenhängende Spirallamelle. Die Mondfalte ist bei einzelnen Arten stark entwickelt (exigua Lowe), bei anderen rudimentär (crispa Lowe), bei den meisten scheint sie ganz zu fehlen (Lowei Alb. und angulata Parr.). Alle sind mehr oder weniger stark rippenstreifig.

Fossile Arten dieser Section sind nicht bekannt.

Die bekannten Species lassen sich etwa in folgender Weise anordnen:

* crispa Lowe. Madeira.

* exigua Lowe. Madeira.
obesiuscula Lowe. Madeira.
* maderensis Parr. Madeira.
* deltostoma Lowe. Madeira. Portosanto.
angulata Parr. Madeira.
* Lowei Alb. Portosanto.

Endlich gehört wahrscheinlich noch undulata Mühlf. von unbekanntem Fundort in diese Section.

Sect. XL. Olympia v. Vest.

v. Vest, Verhandl. etc. S. 191.

Bis jetzt nicht fossil und lebend nur in einer einzigen Art bekannt, die neben Analogieen mit Boettgeria auch solche mit Laminifera aufzuweisen hat, in der Form des Clausiliums aber von beiden abweicht. Auch sie scheint den letzten Rest einer ausgestorbenen Gruppe zu repräsentieren, der sich ähnlich wie Claus. (Laminifera) Pauli Mab. auf ein hohes Gebirge zurückgezogen und so der Konkurrenz mit zweckmässiger organisierten Formenkreisen siegreich getrotzt hat.

* olympica Friv. Olymp.

---

†† Species fossiles incertae sedis.

Als Anhang gebe ich hier schliesslich, die zahlreichen ausserdem noch beschriebenen lebenden Arten nicht weiter berücksichtigend, eine alphabetisch geordnete Aufzählung der fossilen Species, für die ich aus Mangel an Autopsie keinen passenden Platz in dem von mir vorgeschlagenen System habe finden können:

†† 66) Cl. Baudoni Michaud.

Journ. d. Conch., Bnd. X., 1862, S. 72, Taf. III., Fig. 17; Pfeiffer, Monogr. Helic. viv., Bnd. VIII., 1877, S. 516.

Mittel-Pliocän von Hauterive und nach Paladilhe auch von Celleneuve bei Montpellier.

†† 67) Cl. campanica Michaud.

Pfeiffer, a. a. O., Bnd. III., S. 622.

†† 68) Cl. densicostulata Sandberger.

Sandberger, Vorwelt S. 231 und 246, Taf. XIII., Fig. 20—20 b.

Ober-Eocän von Buxweiler i. Els. und Monte altissimo bei Vicenza.

Zur näheren Vergleichung mit lebenden Arten zu unzenügend erhalten. In der Gestalt noch am ehesten an die fossile Sect. Canalicia m. erinnernd.

†† 69) Cl. Fischeri Michaud.

Journ. d. Conch., Bnd. X., 1862, S. 74, Taf. III., Fig. 18; Pfeiffer, Monogr. Helic. viv., Bnd. VIII., 1877, S. 517.

Mittel-Pliocän von Hauterive und nach Paladilhe auch von Celleneuve.

†† 70) Cl. indifferens Sandberger.

Sandberger, Vorwelt S. 245, Taf. XII., Fig. 14—14 b.

Ober-Eocän vom Monte altissimo, von ai Fochesatti sopra Pugnello und von Pugnello bei Vicenza.

Im Habitus erinnert diese Species von lebenden Arten noch am meisten an die canarische Section Boettgeria; doch lässt sich der fehlenden Mundfalten wegen kein sicheres Urtheil abgeben.

†† 71) Cl. Joncheriensis Deshayes.

Deshayes, Descript. d. anim. s. vert. d. bass. d. Paris, Bnd. II., S. 868, Taf. LVII., Fig. 1—6; Sandberger, Vorwelt S. 171, Taf. X., Fig. 13—13 a.

Unter-Eocän von Jonchery.

Sandberger vergleicht diese Art zwar mit der in Nordostafrika lebenden Cl. (Macroptychia) senaariensis Pfr., aber die Abbildungen beider, sowie auch der Vergleich der Diagnosen von senaariensis und der nahe verwandten dystherata Jick. mit der Pariser Art ergeben einen so erheblichen Unterschied, dass es geboten erscheint, auch für diese fossile Art eine eigne Section zu begründen.

†† 72) Cl. Loryi Michaud.

Journ. d. Conch., Bnd. X., 1862, S. 71, Taf. III., Fig. 19: Pfeiffer, Monogr. Helic. viv., Bnd. VIII., S. 547.
Mittel-Pliocän von Hauterive (Drôme).

†† 73) Cl. Michelottii Michaud.

Journ. d. Conch., a. a. O., S. 73, Taf. III., Fig. 20: Sandberger, Vorwelt S. 720, Taf. XXVII., Fig. 19: Pfeiffer, Monograph. Helic. etc., Bnd. VIII., S. 548.

Mittel-Pliocän von Hauterive (Drôme).

Aehnliche lebende Arten existieren nicht mehr.

†† 74) Cl. strangulata de Boissy.

non strangulata Fér. Pfeiffer, Monogr. etc. Bnd. III., S. 622.

†† 75) Cl. striatula F. Edwards.

Edwards. Eoc. Moll., S. 79, Taf. XI., Fig. 6a—b: Sandberger, Vorwelt S. 289, Taf. XVI., Fig. 10—10a.
Unter-Oligocän von Seonce auf Wight.

Zum Vergleich mit lebenden oder fossilen Formen zu schlecht erhalten.

†† 76) Clausilia sp.

Sandberger, Vorwelt S. 598.

Ober-Miocän von Sternenberg im Canton Zürich.

Nach Sandberger von der Grösse der dalmatischen Cl. (Delima) cattaroensis Z.

---

†† Species dubia.

†† 77) Cl. peregrina Reuss.

Palaeontogr., Bnd. II., 1849, S. 31, Taf. IV., Fig. 2; Sitz.-Ber. d. K. K. Acad. d. Wiss., Bnd. XLII. S. 77.
Unter-Miocän von Nordböhmen.

Höchst ungenügend erhalten und wol mit einer der von Reuss später aus nordböhmischem Landschneckenkalk publicierten Arten identisch.

Nachträge und Berichtigungen.

Zu S. 24. In neuester Zeit habe auch ich unter etwa 30 von Herrn S. Clessin erhaltenen Stücken der Cl. livida Mke. var. major aut. vom Gebirge Bucsecs in Siebenbürgen ein Stück der Clausilium-tragenden rechtsgewundenen Form gefunden und kann demnach A. Schmidt's Angabe direct bestätigen. Mein Stück ist, wenn auch in der That ähnlich einer etwaigen straminicollis Parr. var. dextrorsa v. Vest, nach eingehendster Prüfung doch als eine Form von livida Mke. zu betrachten, mit der sie auch zusammen vorkommt. Die übrigen Stücke von diesem Fundort zeigten alle wenigstens ein oder zwei Gaumenfaltenrudimente, besassen aber weder Schliessknochen noch Spirallamelle. — Ebenso besitze ich jetzt mehrere Exemplare von Cl. glauca Blz. mit Principalfaltenrudiment. Die typische Form dieser Art (ohne Spur von Gaumenfalten) sah ich in Clessin's Sammlung in grösserer Anzahl von Tesla in Siebenbürgen.

Zu S. 31. Cl. laminata Mtg. * var. virescens A. Schm. (= * var. derugata Z.) Mähren (Vimont, Schaufuss).

Zu S. 32. Cl. ungulata Z. * var. commutata Rssm. als Vaterland noch Istrien (Erjavec).

Zu S. 32. Cl. orthostoma Mke. desgl. Mähren (Schaufuss).

Zu S. 35. Cl. itala Mart. hinzuzufügen * var. tridentina Ad. Lombardei.

Zu S. 35. Cl. conspersa Parr. als Vaterland noch Epirus (Mousson).

Zu S. 37. Cl. gastrolepta Z. var. tabida K. (= * costulata Sandri).

Zu S. 38. Nach einer Etiquette in Clessin's Sammlung kommt Cl. Stossichi Bttg. auch in Dernis (Dalmatien) vor.

Zu S. 38. Zu Cl. semirugata Z. hinzuzufügen das Synonym: (= * labiata Mutf.), sowie die Varietäten: * var. fasciolata Parr. Lesina und * var. nitida Mühlf. Dalmatien.

Zu S. 46. * Cl. Delesserti Bgt. ist nicht Syn. von * Ehrenbergi Roth. sondern eine wohlcharakterisirte Species, die zwischen Ehrenbergi und Gaudryi einzufügen ist.

Zu S. 47. Cl. petrosa Parr. geht in den Sammlungen vielfach unter dem Namen byzantina Parr.

Zu S. 47. Cl. bigibbosa Chpr. noch Rhodus (Mousson).

Zu S. 47. Cl. caerulea Fér. noch Dalmatien (Schaufuss) und die Inseln Antiparos und Amorgo (Clessin).

Bei S. 48. Cl. senilis Z. ist „Corfu" zu streichen (Mousson).

Zu S. 48. Cl. contaminata Z. hinzuzufügen die var. soluta Mouss. Cefalonia.

Zu S. 48. Cl. castrensis Parr. noch Cefalonia (Mousson).

Zu S. 48. Cl. Schuchi Voith noch Zante (Clessin). Ich halte übrigens Küsters grisea Desh. für die ächte Cl. Schuchi Voith.

Zu S. 48. Cl. maculosa Desh. noch Eleusis (Clessin).

Zu S. 50. Cl. negropontina Pfr. noch Boeotien (Clessin).

Zu S. 51. Cl. thermopylarum Pfr. Parnass statt Macedonien.

Zu S. 51. Cl. perplana Bttg. ist vielleicht nur Varietät von der vorigen Art; ich besitze ein Stück von Cl. thermopylarum Pfr. von unbekanntem Fundort, das sich meiner perplana besonders in Form der Mündung und des Nackens bereits nähert, wenn auch die Bildung der Mondfalte sie noch als sichere thermopylarum unterscheiden lässt.

Zu S. 51. Cl. clandestina Parr. noch Lamia (Phthiotis).

Zu S. 51. Cl. saxicola Parr. noch Attica (Clessin).

Zu S. 52. Cl. bidens L. noch Corfu, Cefalonia, Litorale von Epirus und Constantinopel (Mousson) und Zante (Clessin).

Zu S. 76. Cl. varians Z. Brenner, Tirol (Schaufuss).

Zu S. 77. Cl. jugularis Blz. Parreyss' * var. major unterscheidet sich nur durch die Grösse von typischen Exemplaren und darf daher nicht als Varietät gelten.

Zu S. 77. Cl. turgida Z. noch Altvatergebirge in Mähren (Schaufuss).

Zu S. 86. Cl. corpulenta Friv. noch Syrien (Schaufuss).

Zu S. 86. Cl. plicata Drp. wird von Mousson eine var. transsylvanica Parr. aus Siebenbürgen angegeben, die mir unbekannt geblieben ist.

Zu S. 88. Cl. cana Held noch Bulgarien (Mousson).

Zu S. 88. * Cl. Saldjari Brus. Croatien ist, weil identisch mit Cl. pumila Z. var. leptostoma Z., zu streichen (Exempl. v. Stossich).

Zu S. 99. Cl. tumida Z. noch Mähren (Schaufuss).

Inhalts-Verzeichniss.

Erklärung der Tafeln.

Tafel I.

(Sämmtliche Figuren mit Ausnahme von Fig. 15 und 17 sind in natürlicher Grösse.)

Sectio Triptychia Sndb.

Fig. 1a—c. Clausilia limbata Sndb. Unter-Pliocän von Ars bei Komorn (S. 11).

2a—c. Clausilia Escheri K. Mayer. Unter-Miocän von Ehingen (S. 15).

3a—c. Clausilia obliqueplicata Sndb. Mittel-Miocän von Grussbach bei Wien (S. 17).

4. Mündungsbruchstück eines andern Exemplars derselben Art von ebenda (S. 17).

5. Clausilia antiqua Schübl. var. uter m. Unter-Miocän von Thalfingen bei Ulm. (S. 18).

6—9. Clausilia molassica n. sp. Mittel-Miocän von Thun in der Schweiz. Vier verschiedene Stücke (S. 18).

10a—b. Clausilia hassiaca n. sp. Mittel-Miocän von Bieber bei Offenbach a. M. (S. 19).

11—13. Clausilia grandis Klein Ober-Miocän von Mörsingen bei Zwiefalten in Württemberg. Drei verschiedene Stücke (S. 20).

14a—c. Mündungsbruchstück eines weiteren Exemplars derselben Art von ebenda (S. 20).

15a—c. Clausilia recticosta n. sp. Unter-Miocän von Hochheim a. M. Doppelte Vergrösserung (S. 21).

„ 16a—c. Clausilia bacillifera Sndb. Ober-Miocän von Undorf bei Regensburg (S. 21).

„ 17. Bruchstück einer jüngeren Windung derselben Art von ebenda, mit gaumenfaltenartigem Callus. Dreifach vergrössert (S. 22).

O. Boettger gez.

Sectio Triptychia Sndb.

1. Clausilia limbata Sndb. — 2. Cl. Escheri K. May. — 3-4. Cl. obliqueplicata Sndb. — 5. Cl. antiqua Schübl. var. uter m. — 6-9. Cl. molassica m. — 10. Cl. hassiaca m. — 11-14. Cl. grandis Klein. — 15. Cl. recticosta m. — 16-17. Cl. bacillifera Sndb.

Tafel II.

(Fig. 18—22 und 23a in natürlicher Grösse, die übrigen Figuren vergrössert.)

Sectio Eualopia Bttg.

Fig. 18. Clausilia plionecton n. sp. Mittel-Miocän von Bieber bei Offenbach a. M. (S. 27).

„ 19. Clausilia bulimoides A. Br. Mittel-Miocän von Wiesbaden (S. 27).

„ 20a—b. Clausilia moguntina n. sp. Mittel-Miocän von Mainz (S. 29).

„ 21a—d. Clausilia eckingensis Sndb. Unter-Miocän von Eckingen in Württemberg. Die Seitenansicht b ist einem anderen Stück entnommen (S. 29).

Sectio Constricta Bttg.

Fig. 22a—c. Clausilia Kochi n. sp. Unter-Miocän von Hochheim a. M. (S. 42).

„ 23a—b. Clausilia tenuisculpta Rss. Unter-Miocän von Tuchoritz in Nordböhmen. Doppelte Vergrösserung (S. 45).

„ 24a—e. Clausilia collarifera n. sp. Unter-Miocän von Hochheim a. M. Fig. 24a in natürlicher Grösse; 24b—d anderthalbfach, 24e doppelt vergrössert (S. 44).

Sectio Dilataria v. Mlldff.

Fig. 25a—f. Clausilia (Charpentieria) perforata n. sp. Unter-Miocän von Tuchoritz in Nordböhmen. Doppelte Vergrösserung (S. 53).

Sectio Serrulina Mouss.

Fig. 26a—d. Clausilia Clessini n. sp. Ober-Miocän von Undorf bei Regensburg. Fünffach vergrössert (S. 73).

„ 27a—e. Clausilia ptycholarynx n. sp. Mittel-Miocän von Grussbach bei Wien. Fig. 27a sechsfach, 27b vierfach vergrössert. Fig. 27c—d ein weiteres Stück fünffach und 27e dessen Gaumenfalten in schiefer Ansicht ebenfalls fünffach vergrössert (S. 74).

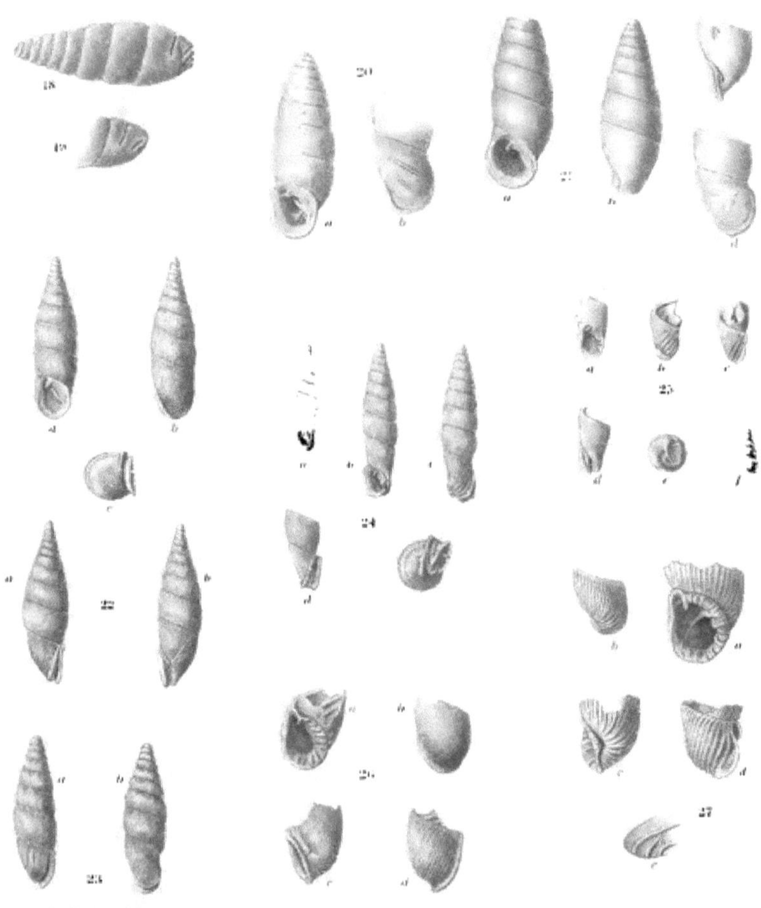

O. Boettger grz.

Sectiones Eualopia m., Constricta m., Charpentieria Stab., Serrulina Mouss.

18. Cl. plionecton m. — 19. Cl. bulimoides A. Br. — 20. Cl. moguntina m. — 21. Cl. eckingensis Sndb. — 22. Cl. Kochi m. — 23. Cl. tenuisculpta Rss. — 24. Cl. collarifera m. — 25. Cl. perforata m. — 26. Cl. Clessini m. — 27. Cl. ptycholarynx m.

Tafel III.

(Sämmtliche Figuren vergrössert.)

Sectio Emarginaria Bttg.

Fig. 28a—f. Clausilia Schaefferiana n. sp. Ober-Miocän von Undorf bei Regensburg. Fig. 28a—d und Clausilium derselben Fig. 28e—f dreifach vergrössert (S. 79).

" 29. Gehäusespitze derselben Art von ebenda, ebenfalls dreifach vergrössert (S. 79).

Sectio Canalicia Bttg.

Fig. 30a—e. Clausilia gonyptyx n. sp. Mittel-Miocän von Grund bei Wien. Fig. 30a—d vierfach und Fig. 30e doppelt vergrössert (S. 81).

" 31a—c. Clausilia Wetzleri n. sp. Unter-Miocän von Thalfingen bei Ulm. Fig. 31a—b sechsfach und Fig. 31c vierfach vergrössert (S. 82).

Sectio Pseudidyla Bttg.

Fig. 32a—d. Clausilia mörsingensis Sndbgr. typus m. Ober-Miocän von Altheim bei Ehingen. Vierfach vergrössert (S. 90).

" 33a—d. Dieselbe, var. zandtensis m. Ober-Miocän von Zandt bei Ingolstadt. Fig. 33a—c vierfach und die Mündung desselben Stücks Fig. 33d achtfach vergrössert (S. 90).

" 34a—b. Dieselbe, var. undorfensis m. Ober-Miocän von Undorf bei Regensburg. Fig. 34a Mündung siebenfach und Fig. 34b Spitze fünffach vergrössert (S. 90).

" 35a—d. Clausilia polyptyx n. sp. Mittel-Miocän von Grussbach bei Wien. Dreifach vergrössert (S. 91).

O. Boettger gez.

Sectiones Emarginaria m., Canalicia m., Pseudidyla m.

28-29. Cl. Schäfferiana m. — 30. Cl. gonyptyx m. — 31. Cl. Wetzleri m. — 32-34. Cl. mörsingensis Sndb. (32. typus m., 33. var. zandtensis m., 34. var. undorfensis m.) — 35. Cl. polyptyx m.

Tafel IV.

(Sämmtliche Figuren bis auf 45a, 46a und 49a vergrössert.)

Sectio Pseudidyla Bttg. (Fortsetzung).

Fig. 36. **Clausilia polyptyx** n. sp. Mittel-Miocän von Grussbach bei Wien. Mündung eines zweiten Exemplars in sechsfacher Vergrösserung (S. 91).

„ 37. Mündung eines weiteren Exemplars derselben Art von demselben Fundort, gleichfalls in sechsfacher Vergrösserung (S. 91).

„ 38. Gehäusespitze derselben Art von demselben Fundort, in dreifacher Vergrösserung (S. 91).

„ 39. Gehäusespitze derselben Art aus dem Mittel-Miocän von Lindabrunn, in doppelter Vergrösserung (S. 91).

40. **Clausilia undatistria** n. sp. Ober-Miocän von Mörsingen bei Zwiefalten, in dreifacher Vergrösserung (S. 92).

Sectio Laminifera Bttg.

Fig. 41a—c. **Clausilia mira** Slavik. Unter-Miocän von Tuchoritz in Nordböhmen, in fünffacher Vergrösserung (S. 105).

42a—e. **Clausilia neniaeformis** Bttg. Mittel-Oligocän von Elsheim in Rheinhessen. Fig. 42a bis d doppelt und 42e sechsfach vergrössert (S. 103).

43a—d. **Clausilia flexidens** Bttg. Mittel-Oligocän von Elsheim in Rheinhessen. Fig. 43a—c doppelt und 43d vierfach vergrössert (S. 104).

Sectio Disjunctaria Bttg.

Fig. 44a—b. **Clausilia oligogyra** n. sp. Ober-Eocän von Ronca. Fig. 44a doppelt und 44b dreifach vergrössert (S. 108).

Lebende Arten.

Fig. 45a—d. **Clausilia** (Cristataria) **dextrorsa** n. sp. Macedonien. Fig. 45a in natürlicher Grösse, 45b—d vergrössert (S. 46).

46a—c. **Clausilia** (Agathylla) **albicosta** n. sp. Macedonien. Fig. 46a in natürlicher Grösse, 46b—c vergrössert (S. 41).

„ 47. **Clausilia** (Papillifera) **thermopylarum** Pfr. Parnass (Griechenland). In 2½facher Vergrösserung (S. 51).

48. **Clausilia** (Papillifera) **perplana** n. sp. Macedonien. In 2½facher Vergrösserung. (S. 51).

49a—d. **Clausilia** (Oligoptychia) **unicristata** n. sp. Ekatherinenfeld. Fig. 49a in natürlicher Grösse, 49b—d vergrössert (S. 91).

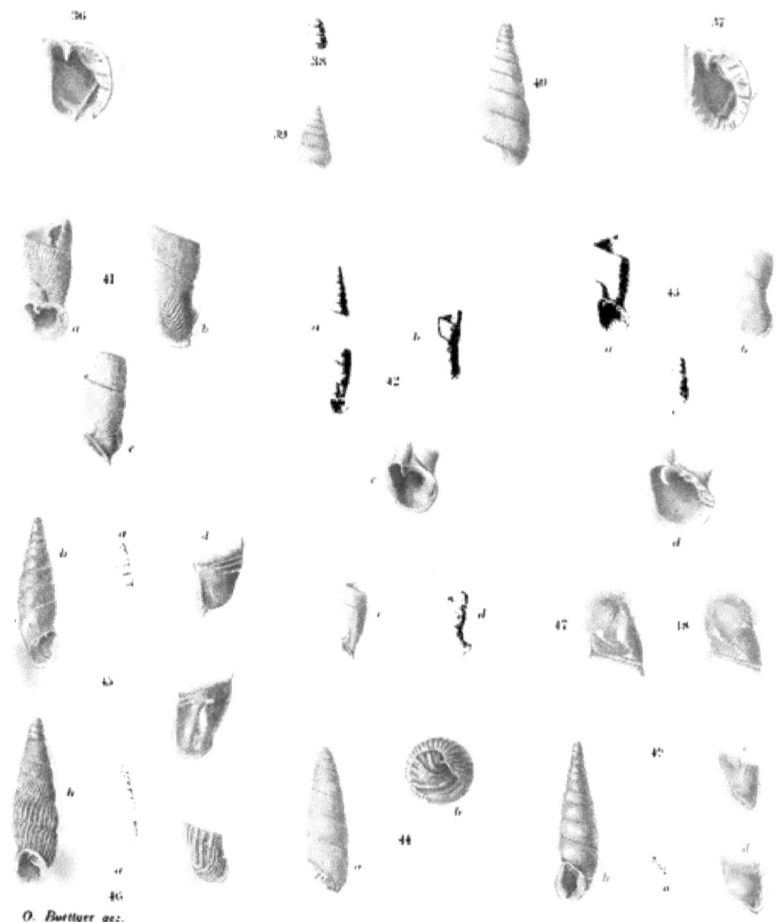

O. Boettger gez.

Sectiones Pseudidyla m., Laminifera m., Disjunctaria m.

36-39. Cl. polyptyx m. — 40. Cl. undatistria m. — 41. Cl. mira Slav. — 42. Cl. neniaeformis m. — 43. Cl. flexidens m. — 44. Cl. oligogyra m.

---

45. Cl. dextrorsa m. Macedonien. — 46. Cl. albicosta m. Macedonien. — 47. Cl. thermopylarum Pfr. Parnass. — 48. Cl. perplana m. Macedonien. — 49. Cl. unicristata m. Ekatherinenfeld.